Katja Krauß

Hunde erziehen
mit dem Clicker

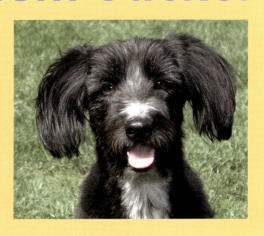

KOSMOS

1 Der Trick mit dem Click

- › Ein Knackfrosch erobert die Welt — 6
- › So funktioniert Clickertraining — 7

2 Aller Anfang ist leicht

- › Der Clicker — 12
- › Das richtige Timing — 12
- › Die richtige Belohnung — 13
- › Übungsatmosphäre — 15
- › Vorbereitung der Übung — 15
- › Beginn der Übung — 17
- › Clickermethoden — 18

3 Übungen Schritt für Schritt

- › **Anschauen** 22
- › **Heranrufen** 38
- › **An- und Ableinen** 49
- › **Steh, Sitz, Platz** 53
- › **Lockere Leine** 63
- › **Unten bleiben** 70
- › **Vorsichtig** 76

4 Service

- › **Zum Weiterlesen** 77
- › **Nützliche Adressen** 77
- › **Register** 78

Der Trick mit dem Click | So funktioniert Clickertraining

Der Trick
mit dem Click

Ein Knackfrosch erobert die Welt

Ein kleiner Welpe hält Einzug ins neue Heim, und natürlich möchten Sie sogleich schöne Aufnahmen von ihm machen. Dies kann folgendermaßen ablaufen:
1. Nehmen Sie eine neue Chipkarte aus der Verpackung und legen Sie sie in die Kamera.
2. Nehmen Sie die Verpackung aus der Schnauze des Welpen und werfen Sie sie in den Abfalleimer.
3. Holen Sie Ihren Welpen aus dem Abfalleimer, und bürsten Sie ihm den Kaffeesatz aus dem Fell.
4. Wählen Sie den passenden Hintergrund für das Foto, montieren Sie die Kamera und stellen Sie sie ein.
5. Suchen Sie Ihren Welpen und nehmen Sie ihm die Socke aus dem Maul.
6. Platzieren Sie den Welpen auf dem vorbereiteten Platz, und gehen Sie zur Kamera.
7. Vergessen Sie den Platz, und kriechen Sie dem Welpen auf allen Vieren nach.
8. Stellen Sie die Kamera mit einer Hand wieder ein und locken den Welpen mit einem Leckerchen.
9. Holen Sie sich ein Tuch und wischen den Nasenabdruck von der Linse.
10. Versuchen Sie dem Welpen einen interessierten Gesichtsausdruck zu entlocken, indem Sie ein Qietschespielzeug über Ihren Kopf halten.
11. Rücken Sie die Brille wieder zurecht und holen Sie die Kamera unter dem Sofa hervor.
12. Springen Sie rechtzeitig auf, heben den Welpen hoch und bringen Sie ihn nach draußen, damit er „sein Geschäft" erledigen kann!
13. Setzen Sie sich in einen bequemen Sessel und nehmen Sie sich vor, gleich morgen früh mit ihm „Sitz" zu üben.

Genau dabei kann das Clickertraining helfen!

| Clickertraining ist für alle geeignet, egal ob groß oder klein, ob jung oder alt!

So funktioniert Clickertraining

Man clickt und belohnt ein Hundeverhalten, welches man für erwünscht hält. Durch diese Belohnung wird für den Hund ein Anreiz geschaffen, das Verhalten zu wiederholen.

Nun kann man sich fragen, warum man nicht direkt belohnt, sondern erst die Brücke übers Clicken herstellt und danach eine Belohnung folgt. In Situationen, in denen man den Hund in Entfernung belohnen möchte oder er nur einen sehr kurzen Moment das gewünschte Verhalten zeigt, ist eine direkte Belohnung schwer oder gar nicht möglich. Die Assoziationszeit, also die Zeitspanne, in der der Hund eine Verbindung zwischen der Belohnung und seinem Verhalten herstellen kann, beträgt maximal drei Sekunden. Daher ist der Click zeitgenauer. Zudem hat man eine Möglichkeit, Verhaltensweisen, die entfernt gezeigt werden, zu belohnen.

› **Physiologische Vorgänge im Gehirn** Wissenschaftlich gesehen schütten die Gehirnzellen Dopamin aus, bei oder nach Ereignissen, die Vergnügen bereiten. Dopamin gilt als Schlüsselsubstanz, die bestimmte Dinge wie Essen oder Spielen, als schön und wiederholenswert erscheinen lässt. Nach neueren Erkenntnissen ist die Dopamin-Ausschüttung nicht nur an die Belohnung gekoppelt, sondern signalisiert auch, dass ein belohnenswertes Ereignis winkt. Ein Schweizer Neurophysiologe hat nachgewiesen, dass eine Dopamin-Ausschüttung auf ein bestimmtes Zeichen hin stattfand, wenn diesem Zeichen jeweils eine Futterbelohnung folgte. Doch nachdem die Tiere den Zusammenhang zwischen dem Zeichen und der Belohnung begriffen hatten, hörte die Dopamin-Ausschüttung überraschenderweise auf, sobald sie nur noch das Futter erhielten. Damit wird das Zeichen (z.B. das Clickgeräusch) für den Lernvorgang entscheidender als die Belohnung als solche – Vorfreude ist also doch die schönste Freude!

› **Sprachform** Das Clickertraining ist eine klare und eindeutige „Sprache", mittels der man dem Hund erklären kann, was für ihn lohnend ist. Die Kommunikation wird verbessert und dadurch die Beziehung zum Hund. Die meisten Hunde werden lerneifrig, konzentrieren sich besser und werden erfindungsreich in ihren Problemlösungen. Es macht ihnen Spaß zu lernen. Geduld und Verständnis für den Hund sind dabei wichtig.

Entspanntes Lernen ohne Druck

Durch Clickertraining konzentriert man sich automatisch auf das positive, erwünschte Verhalten. Das ist ein wichtiger Punkt im Hundetraining. Durch die Vorstellung von erwünschten Verhaltensweisen kommt man leichter an sein Ziel. Der mentale Anteil ist nicht zu unterschätzen. In einem Buch las ich ein Beispiel, bei dem eine Gruppe von Basketballspielern einem Test unterzogen wurde. Die gesamte Gruppe musste am ersten Tag Korbwürfe machen und das Resultat wurde notiert. Danach wurde die Gruppe gedrittelt. Die erste Gruppe übte jeden Tag Korbwürfe, die zweite visualisierte

| Auch andere Tiere kann man mit dem Clicker trainieren. Die Biologin Jennifer Ringleb mit der Pandabärin im Berliner Zoo.

jeden Tag Korbwürfe und die dritte sollte möglichst nicht an Basketball denken. Nach einigen Wochen ließ man wieder alle Korbwürfe machen. Die Gruppe, die jeden Tag geübt hatte, hatte ihr Resultat um 23 % steigern können. Die Gruppe, die nicht an Basketball denken sollte, blieb beim alten Ergebnis. Doch erstaunlich war die Gruppe, die jeden Tag die Korbwürfe lediglich visualisiert hatte, denn sie steigerte ihr Ergebnis um 22%. Daran kann man erkennen, wie wichtig es ist, sich auf das gewünschte Verhalten zu konzentrieren.

Kreativität und Fantasie können zur Motivation des Trainings werden. Die kleinen Lernschritte führen dazu, dass man sich besser in seinen Hund hineinfühlen kann. Es entsteht eine entspannte Lernatmosphäre ohne Druck, die die Bindung zwischen Mensch und Hund festigt.

› **Verneinungen** Im übrigen funktioniert auch der Umkehrschluss. Konzentriert man sich auf das ungewollte Verhalten, wird es meist vom Hund häufiger gezeigt. Wir sprechen in diesem Zusammenhang davon, dass die Hunde uns „die Bilder aus dem Kopf lesen". Auch können sie, übrigens ähnlich wie Menschen, mit Verneinungen nur sehr wenig anfangen. Es ist immer leichter, eine Richtung gezeigt, als einen Weg ver-

sperrt zu bekommen. Schafft man es, unerwünschten Verhaltensweisen eine „Weile aus dem Weg zu gehen", erledigen sich viele Probleme ganz von alleine. Lässt man z.B. zu Anfang nichts Essbares auf dem Tisch stehen, hat der junge Hund also niemals Erfolg, kann man später die leckersten Dinge auf den Tisch stellen, ohne dass er sie herunterholt. Diese Beobachtung habe ich mit sehr vielen Verhaltensweisen, bis hin zum Jagdverhalten, gemacht. Allerdings ändert sich die Situation bereits mit einmaligem Erfolg schlagartig! „Ups-Signale", um etwas als falsch zu definieren, bergen die Gefahr, etwas zu unterdrücken, was richtig sein könnte. Schließlich gibt es viele richtige Antworten auf eine Frage, und viele Wege können zum gleichen Ziel führen.

Daher benutze ich nur die positive Bestärkung und überlege mir Alternativverhalten für unerwünschte Verhaltensweisen. Beim Konzentrieren auf erwünschte Verhaltensweisen kann der Clicker wahre Wunder bewirken.

Wichtig

Man kann ein unerwünschtes Verhalten zum Verschwinden bringen, indem man ein erwünschtes Verhalten bestärkt. Beispiel: Man clickt seinen Hund, wenn er die Pfoten auf dem Boden, anstatt am Besuch hat. Der Clicker ist jedoch keine „Fernsteuerung" – er ruft den Hund nicht heran, er sagt nur „Gut Gemacht!"

| Alle „Hundeberufe" sind ohne Einsatz des Clickers nicht mehr vorstellbar. Taschka bei der Schimmelsuche (links), Dodger bei der Rettungshundearbeit (rechts).

Erfolg bei anderen Tierarten

Die amerikanische Tiertrainerin Karen Pryor hat durch ihr Buch „Positiv bestärken, sanft erziehen" stark zur Verbreitung des Clickers in Deutschland beigetragen. Sie beschreibt unter anderem ihre Tätigkeit als Delphintrainerin. Die Arbeit mit den Meeressäugern wäre ohne die Clickermethode nicht vorstellbar.

Einsatzmöglichkeiten des Clickers

Bei der Hundeerziehung kann man z.B. seinem Welpen verdeutlichen, an welchem Platz er sein Geschäft verrichten soll. Dem Junghund kann man zeigen, wie er ordentlich an der Leine mitläuft und dem erwachsenen Hund kann man beibringen, wie er das Handy bringt, wenn es läutet.
Alle Hundesportarten und Zuchtschauen sind glänzende Einsatzgebiete des Clickertrainings. Die einzelnen Übungen der Begleithundeprüfung sind, wenn man unser Schulsystem damit vergleichen würde, Kindergartenniveau. Selbst „Voran" und „Steh" sind einfache Übungen. Auch bei der Fährtenarbeit, der Schutzhundearbeit, dem Obedience oder Dog Dancing ist der Clicker ein sehr gutes Hilfsmittel. Die Rettungshundearbeit ist für mich ohne Clicker nicht vorstellbar. Unsere eigene Hündin Taschka ist als Schimmelsuchhund ausgebildet. In ihren ersten drei Lebensjahren führte ich sie als Rettungshund, weshalb sie gewohnt war, die Fundstelle durch Bellen anzuzeigen. Um den Schimmel in Räumen anzuzeigen, eignet sich Kratzen besser als Bellen. Durch das Clickertraining benötigte sie drei Übungseinheiten, bis sie das Anzeigen durch Kratzen gelernt hatte. Die Clickerarbeit ermöglichte auch meiner Schwester Eva, ihre Hündin Curly mit Erfolg bei der Fernsehserie „Unser Charlie" mitspielen zu lassen.
Viele Therapiehunde werden inzwischen geclickert, da ihre Aufgabenbereiche oft vielfältig sind und das Training mit Clicker schneller zum Erfolg führt.

Aller Anfang ist leicht | Aufbau der Übungen

Aller Anfang
ist leicht

| Das richtige Timing will gelernt werden. Hierzu gibt es die unterschiedlichsten Möglichkeiten, wie z.B. die Ballprobe.

Der Clicker

Hunde reagieren nicht auf den Clicker selbst, sondern auf den Ton, den er von sich gibt. Deshalb kann man durchaus z.B. auch einen Kugelschreiber benutzen. Wichtig ist nur, dass das Gerät handlich ist und einen kurzen Ton abgibt.
Möchten Sie einen herkömmlichen Clicker benutzen, ist es praktisch, wenn Sie ihn am Arm befestigen können. Dann haben Sie beide Hände frei und können den Clicker trotzdem schnell und „richtig" herum greifen. Denn der Clicker gibt seinen unverwechselbaren Laut nur, wenn man auf die richtige Seite gedrückt hat. Halten Sie ihn versehentlich falsch herum, ist meist der richtige Zeitpunkt des Clickens verpasst.

Das richtige Timing

Das Timing des Clicks ist der Garant für den Erfolg, weshalb es unbedingt extra geübt werden sollte. Es gibt dazu eine einfache Vorgehensweise: Man trifft sich mit einer oder mehreren Personen und alle haben ihren Clicker einsatzbereit in der Hand. Einer lässt einen Gegenstand, z.B. einen Ball, fallen. Berührt der Ball den Boden, drücken alle ihre Clicker. Das Geräusch, wenn der Ball den Boden berührt, und das Clicken sollten nicht mehr einzeln zu hören sein. Je tiefer der Ball gehalten wird, umso schwieriger wird die Aufgabe. Hierbei ist es wichtig, genau auf die Bewegung der „Ballhand" zu achten. Denn nur so kann man erkennen, wann der Ball losgelassen wird. Der Zweck der Übung besteht darin, kleinste Reaktionen, die einem Verhalten vorangehen, zu erkennen (Timing). Schult man sich im Beobachten, kann man erkennen, wann

GREH-Hundekuchen

400 g pürierte Leber
400 g Vollkornmehl
2 Eier
Alle Zutaten mischen und bei
200 Grad für 20 Minuten backen.
Nach dem Auskühlen in kleine Würfel
schneiden.

| Welches Leckerchen eignet sich als Belohnung? Lucy beim ultimativen „Leckerchen-Geschmackstest".

Hilfen noch nötig sind, und wann man sie wieder abbauen kann.
Eine weitere Übungsmöglichkeit für zwei Personen besteht darin, das Blinzeln zu clicken. Dabei zählt die blinzelnde Person, wie häufig sie blinzelt und die clickende Person, wie häufig sie clickt. Nach einer Minute wird die Anzahl der Clicks mit der tatsächlichen verglichen. Sie sollten von Anfang an das Clicken mit beiden Händen üben. Dadurch sind Sie flexibler, und können den Hund immer mit der ihm zugewandten Hand belohnen.

Die richtige Belohnung

Wichtig ist, etwas zu finden, was der Hund gerne haben möchte. Am einfachsten geht es mit erbsengroßen, möglichst weichen Leckerchen, wie z.B. Wurst oder Käse. Falls diese Delikatessen keinen Wert für Ihren Hund darstellen, können Sie es mit selbst gebackenem Hundekuchen versuchen (siehe Kasten).
Die Belohnung muss den Hund belohnen! Häufig gibt man dem Hund ein Leckerchen, von dem man annimmt, dass es ihm schmeckt. Doch schmeckt es ihm wirklich?
Am besten, Sie testen erst einmal, welches das richtige Leckerchen für Ihren Hund ist. Gehen Sie mit ihm an einen gewohnten und ruhigen Ort, z.B. in das eigene Wohnzimmer. Zeigen Sie ihm ein Leckerchen, welches Erbsengröße haben sollte, und halten Sie es ihm auf der flachen Hand hin. Verschmäht er das Leckerchen, ist es sicher nicht das richtige. Frisst er es, sind Sie schon einen guten Schritt weiter. Halten Sie ihm noch ein zweites hin und achten Sie genau darauf, ob es

ihm wirklich „schmeckt". Schmackhaft ist es, wenn er es noch schneller schluckt. Nimmt er es nur zögerlich, ist dies noch nicht die richtige Belohnung.
Sind Sie sich nicht sicher, können Sie noch einen weiteren Test anhängen. Zeigen Sie Ihrem Hund ein drittes Leckerchen der gleichen Sorte, und bewegen dieses langsam ca. 30 cm vor seinem Gesichtsfeld von links nach rechts und wieder zurück. Folgt er mit seinem Blick und/oder versucht an das Leckerchen zu gelangen, haben Sie die richtige Belohnung gefunden.

Die richtige Belohnung |

Belohnungsideen

Belohnungsart	Beispiele	Hinweis
Leckerchen	Handelsübliche Leckerchen, Hundekuchen, Wurst, gekochtes oder gebratenes Hühnerfleisch, gekochte oder gebratene Leber, getrocknete Leber, Schweineohren, getrocknete Fische, Karottenstücke, Käse, hartgekochte Eier, Sardinen. 	Die Leckerchen sollten nicht gewürzt sein. Schokolade enthält Theobromin, das, bei Aufnahme von größeren Mengen, für Hunde sogar tödlich sein kann. Ansonsten eignen sich kleine weiche Leckerchen, die sofort geschluckt werden können, damit es schnell weitergehen kann.
Spielsachen	Ball oder Kong mit Schnur, Seilknoten, Schiffsbojen, Socken, Socken mit Bällen oder Leckerchen gefüllt, Geräuschspielzeug, Frisbeescheiben, Jutesackspielzeug, Stofftiere ohne Plastikteile. 	Der Zoofachhandel bietet ein großes Sortiment an für Hunde geeignetem Spielzeug an. Es sollte so groß sein, dass es nicht verschluckt werden kann, und keine scharfen Kanten aufweisen. Die Spielsachen sollten möglichst handlich sein, so dass man auch die Möglichkeit hat, sie in der Tasche oder unter der Jacke verschwinden zu lassen.

| Clickern kann „kinderleicht" sein, wenn man gut vorbereitet ist. Damon übt mit Bonny das Abliegen.

Weitere Belohnungsarten

Bei sehr verfressenen Rassen wie Beagle oder Labrador, kann das Leckerchen auch zu schmackhaft sein, so dass sie sich nicht mehr konzentrieren können. Hier kann man durchaus auf trockenes Brot oder Karottenstücke zurückgreifen. Es gibt noch weitere Belohnungsarten, doch ist die Futterbelohnung meist am effektivsten. Wichtig ist, seinen Hund immer zu beobachten und darauf zu achten, worüber er sich freut.

Übungsatmosphäre

Treffen Sie alle Vorbereitungen so, dass Ihr Hund erfolgreich sein kann, wenn Sie mit ihm üben. Er sollte ausgelastet sein, um sich zu konzentrieren, jedoch noch nicht zu erschöpft, um die Mitarbeit vielleicht zu verweigern. Außerdem haben Hunde, genau wie wir, gute und schlechte Tage, die wir respektieren müssen.
Da Hunde den Gefühlszustand ihres Menschen spiegeln, ist auch die eigene Verfassung ausschlaggebend für den Erfolg!

Vorbereitung der Übung

Wenn im Folgenden von Click gesprochen wird, ist immer das Herunterdrücken und Loslassen des Metallblättchens gemeint. Dabei entsteht ein Click-Clack-Geräusch. Halten Sie sich den Clicker ans Ohr und clicken einmal, wird Ihnen bewusst, wie laut das Geräusch ist, und dass es den Hund durchaus erschrecken kann. Deshalb sollten Sie am Anfang den Clicker immer in der Hosentasche betätigen.

Die „1.000-Euro-Belohnung"

Geben Sie den Leckerchen einen Wert und beginnen Sie mit den „1.000-Euro-Leckerchen". Später können Sie mit den „10-Euro" und den „100-Euro-Leckerchen" abwechseln. Doch je ablenkungsreicher die Übung ist, umso „wertvoller" müssen die Leckerchen sein.
Das Belohnen mittels Spielzeug hat einen großen Nachteil – die Zeit. Greifen Sie deshalb nur auf Spielzeug zurück, wenn Ihr Hund ein extrem schlechter Fresser ist. Falls Ihr Hund das Spielzeug nicht von sich aus zurückbringt, nehmen Sie eines an einer Schnur, so dass Sie es schneller einholen können.
Bevor Sie mit der Übung beginnen, legen Sie sich alle notwendigen Trainingsgegenstände bereit. Dazu gehören der Clicker, Halsband und Leine. Wir verwenden eine 2 m-Verlängerungsleine aus Nylon oder Leder und bevorzugen ein Brustgeschirr, das bei ziehenden Hunden die Gesundheit weniger beeinträchtigt. Ein Leckerchenbeutel ist hilfreich, um schnell weitere Leckerchen greifen zu können.

| Linda Tellington-Jones ist die Begründerin
des TTouches und der TTeam-Methode. Beides
kann das Clickertraining unterstützen.

Unterteilung in Lernschritte

Die einzelnen Übungen sind in zehn Phasen unterteilt:

1. Ziel formulieren,
2. Verhalten einfangen,
3. Zeit ausdehnen,
4. Vokabel lernen,
5. Umgebung verändern,
6. Position des Hundes verändern,
7. Entfernung vergrößern,
8. Ablenkung einbauen,
9. Signal aufheben,
10. variabel belohnen.

Manche Übungen bedürfen aller Phasen, bei anderen reichen wenige aus. Es ist teilweise möglich, die Phasen in einer anderen Reihenfolge zu üben, was vom eigenen Trainingsstil, der konkreten Übung und individuellen Hund abhängt.
Jeder Hund lernt unterschiedlich und braucht eine unterschiedliche Erfolgsquote (qualitativ und quantitativ), um weiterhin motiviert mitzuarbeiten. Die

Erfolgsquote kann man messen, indem man innerhalb einer Minute mitzählt, wie viele Verhaltensweisen der Hund anbietet und wie häufig man clickt. Wenn man z.B. von 24 angebotenen Verhaltensweisen 18 mit einem Click markiert und danach belohnt hat, sind 18 Verhaltensweisen für den Hund erfolgreich gewesen und sechs erfolglos. Die Erfolgsquote liegt bei 75 %. Kommt beim Hund oder bei einem selber Frust auf, liegt es häufig daran, dass die Erfolgsquote nicht hoch genug war, oder dass die Belohnungen qualitativ nicht ausreichend waren. Die Quote zum Erlernen eines Verhaltens sollte wenigstens über 50 % liegen. Dabei setzt man die eigenen Erwartungen herab, was den Lernvorgang für beide Partner erleichtert.

Tellington-Touches

Bei den Übungen wird immer wieder auf die Tellington-Methode verwiesen. Da ich selbst TTEAM-Practitioner bin, kombiniere ich beide Methoden. Es ist hilfreich, die Konzentration des Hundes mittels einiger TTouches (spezieller Hautverschiebungen) zu fördern. Außerdem kann man durch das Anlegen verschiedener Bandagen (Körper, Beine, Gesicht), Kopfhalfter oder T-Shirts, Bewusstsein in die verschiedenen Körperbereiche bringen. Damit fallen dem Hund Übungen wie „Sitz" und „Platz" leichter. Nach einer anstrengenden Übung ein wenig mit TTEAM zu entspannen, hilft Hund und Halter, das gerade erworbene Wissen zu festigen. Zudem gibt es manche Situationen, in denen die Emotionen so stark sind, wie z.B. beim Begrüßen, dass eine aktive Unterstützung notwendig ist. Im Buch „Telling-

Wichtig

Die einzelnen Phasen sind teilweise noch in verschiedene Bereiche unterteilt. „So gehen Sie vor" ist die Anleitung, wie man praktisch vorgehen kann. „Beispiele für weitere Übungen" zeigen auf, wie oder wo man die Übung fortführen kann. „So gelingt die Übung" enthüllt verschiedene Kniffe, die das Vorgehen erleichtern.

ton Training für Hunde" gibt Linda Tellington-Jones praktische Anleitung, weshalb ich hier nur kurz darauf verweise.

Beginn der Übung

Beginnen Sie mit Ihrem Hund an einem bekannten und ruhigen Ort, an dem es möglichst wenig Ablenkung gibt.
Kann sich Ihr Hund nur kurz konzentrieren, leinen Sie ihn an einem unbeweglichen Gegenstand an. Den Clicker halten Sie in der Hand und viele, erbsengroße Leckerchen liegen griffbereit. Werfen Sie eine Hand voll Leckerchen (10 bis 20 Stück) auf den Boden. Dann clicken Sie jedes Mal, wenn Ihr Hund eines aufnimmt. Das machen Sie so lange, bis er alle Leckerchen gefressen hat.

So gelingt die Übung

› **Leckerchenaufnahme** gut beobachten.
› **Lautstärke** Clicker zu Beginn in der Hosentasche betätigen.
› **Regelmäßig Belohnen** Von diesem Moment an bekommt der Hund für jeden Click eine Belohnung. Nur so bleibt der Clicker wertvoll.
› **Versprechen einlösen** Das Click-Clack-Geräusch ist ein Versprechen für eine Belohnung, und Versprechen werden gehalten. Ein Versprechen gibt man immer nur einmal. Dementsprechend belohnt man nach jedem Click, und das bedeutet, dass man immer nur einmal clickt. Der Hund kann es nicht verstehen, wenn er zwei oder drei Versprechen bekommt und nur eine Belohnung. Er würde den Versprechen nicht mehr glauben.
› **Zeitpunkt** Das Clickgeräusch ertönt kurz vor dem Schlucken. Man kann schließlich nur daraus lernen, wenn man das Versprechen vor der Belohnung erhält. Das Leckerchen folgt höchstens zwei Sekunden nach dem Click.
› **Wiederholung** Der Kennenlernvorgang wird so oft wiederholt, bis man sich selber sicher fühlt und ein gutes Gefühl für den Zeitpunkt des Clicks gefunden hat.

Clickermethoden

Wir unterscheiden zwei Methoden des Clickens, die „einfache Methode" und das „Formen".

Das einfache Clicken

Die einfache Methode ist das Bestätigen von richtigem Verhalten. Hierbei braucht es nur wenige Überlegungen. Hat der Hund den Clicker kennen gelernt, können Sie beginnen. Setzt sich Ihr Welpe z.B. auf die Wiese und macht sein Pfützchen, clicken Sie und geben das Leckerchen. Damit zeigen Sie ihm, dass Sie sein Verhalten prima finden. Auch wenn er sich einfach vor Sie hinsetzt oder hinlegt, können Sie dieses Verhalten durch clicken bestärken.

Ab sofort kann der Hund mittels der einfachen Methode im richtigen Verhalten bestärkt werden. Hierbei sind lediglich zwei Regeln zu beachten.

Also ran ans Werk! Ihr Hund kennt den Clicker. Die zwei Regeln sind bekannt. Alles weitere sind Feinheiten, die das Clicken noch effektiver gestalten. Die Clickermethode lebt vom Ausprobieren.

Formen

Die zweite Methode ist das Formen einer bestimmten Verhaltensweise. Eigentlich kennt jeder aus seiner Kinderzeit das Spiel „Heiß und Kalt". Bei diesem Spiel wird ein Schüler nach draußen geschickt und die anderen überlegen sich in dieser Zeit eine Verhaltensweise, z.B. eine umgefallene Dose aufzuheben.

Einer wird zum Trainer bestimmt und führt den Schüler durch die Aufgabe, indem er ihn mit „Heiß oder Kalt" leitet. Beim Clicken ist es ganz ähnlich, nur dass es nur „Heiß" gibt. Der Click ersetzt das Wort „Heiß".

Der Trainer clickt, sobald der Schüler sich auf die Dose zu bewegt. Vielleicht schaut der Schüler sich im Raum um, und sein Blick bleibt kurz auf der Dose ruhen. Das ist der richtige Moment zu clicken. Man gibt ihm damit einen Hinweis, dass es etwas mit der Dose zu tun hat. Hierbei konzentriert man sich ganz auf die Lösung und bleibt auf dem richtigen Weg. Jedem „Rückschritt" begegnet man mit einer Mischung aus Neugierde und Experimentierfreude. So findet man schneller auf den richtigen Weg zurück. Ich spreche in diesem Zusammenhang immer von interessanten Situationen, die einen dazulernen lassen. Je mehr Fehlschläge man einsteckt, desto besser weiß man, was man falsch macht und desto näher ist man der Lösung!

Clicker Regel 1
Immer wenn man den Clicker drückt, bekommt der Hund eine Belohnung, z.B. ein Leckerchen.

Clicker Regel 2
Man clickt während des gewünschten Verhaltens, nicht davor und nicht danach.

Dieses Spiel kann man auch auf Kindergeburtstagen oder abends mit Freunden spielen – es lässt einen eine Menge über das Lernverhalten erkennen. Jedes Individuum ist unterschiedlich und genauso verschieden ist auch der individuelle Lernvorgang.

Zerlegen der Aufgabe in kleinste Schritte

Das Zerlegen in kleinste Schritte ist eine elementare Methode des Clickens. Doch damit ist es wie mit vielen anderen Dingen, es muss geübt werden. Wenn man das Clicken häufig mit menschlichen Partnern geübt hat, versteht man den Hund besser. Man kann fühlen wie es ihm ergeht.
Es gibt keinen richtigen oder falschen Weg, wichtig ist, dass es effektiv ist, d.h. es führt einen ans definierte Ziel. Weiterhin werden die Gefühle aller Beteiligten respektiert. Dieser Aspekt ist aus ethischer, sowie aus lerntheoretischer Sicht wichtig. Fühlt sich ein Beteiligter schlecht, oder kommt vielleicht Frustration auf, wird das Weiterarbeiten problematischer und das Lernen erschwert. Halten Sie die Übungsschritte klein, so dass es ständig zu einem Erfolg kommt. Denn nichts spornt mehr an, als ein schnell erreichtes Ziel, auch wenn es nur ein Teilziel ist.
Die einfache Methode ist eigentlich der Beginn eines Formvorgangs. Beim Formen ist die genaue Beobachtung des Hundes von entscheidender Bedeutung. Schulen Sie Ihre Beobachtungsgabe, denn das genaue Hinsehen ist Voraussetzung für ein gutes Timing.

Clicker Regel 3

Gute Laune lässt leichter lernen! Bei schlechter Laune legt man den Clicker aus der Hand und verzichtet auf die Übung.

Clickermethoden

Übungen Schritt für Schritt | Von Anschauen bis Vorsichtig

Übungen
Schritt für
Schritt

Anschauen

Die erste Übung ist besonders ausführlich beschrieben. Damit soll verdeutlicht werden, wie man beim Lehren von Verhaltensweisen vorgehen kann. Die Übung „Anschauen" ist das Paradebeispiel für das Lehren von Verhaltensweisen und erleichtert weitere Übungsaufgaben.

Zielvorstellung

Der Hund soll den Hundehalter auf sein Signal hin, in diesem Fall das Hörzeichen „Guck", anschauen und ihm seine Aufmerksamkeit schenken. Er soll solange schauen, bis der Besitzer das Signal aufhebt (z.B. mit „Ende").

Verhalten formen

Anschauen kann wichtig sein, um die Aufmerksamkeit des Hundes zu erlangen. Daher ist es eine Grundübung, die viele andere Übungen vereinfachen kann. Auch ist es eine gute Möglichkeit zu sehen, ob der Hund die Bedeutung des Clicks verstanden hat.

So gehen Sie vor

(1) Gehen Sie mit Ihrem Hund, dem Clicker und genügend kleiner Leckerchen an einen ruhigen Ort mit ebenem Boden, z.B. dem Wohnzimmer.
(2) Kann sich Ihr Hund noch nicht konzentrieren, leinen Sie ihn an einem festen Gegenstand an, oder schließen die Tür.
(3) Als Rechtshänder nehmen Sie den Clicker in die linke Hand und werfen mit der anderen ein paar Leckerchen auf den Boden.
(4) Clicken Sie jedes Mal, wenn Ihr Hund ein Leckerchen aufnimmt.
(5) Hat Ihr Hund alle gefressen, wird er nach Ihnen schauen und erwarten, dass es noch mehr Leckerchen gibt. In diesem Moment clicken Sie und werfen erneut ein Leckerchen auf den Boden.
(6) Nicht clicken, wenn er dieses aufnimmt. Er wird wieder hochschauen, und fragen, wo das nächste Leckerchen bleibt. Jetzt erhält er einen Click und seine Belohnung.
(7) Wiederholen Sie Schritt 6 bis Sie das Gefühl haben, dass Ihr Hund weiß, dass es um das Anschauen geht. Klappt es besonders gut, sagen Sie „Ende" und geben ihm noch ein paar Leckerchen, ohne eine Gegenleistung zu verlangen.

| Laekenois-Rüde Vitus lernt den Clicker kennen und übt das Anschauen.

So gelingt die Übung

› **Blickkontakt** Viele Hunde schauen Menschen ungern direkt in die Augen. Clicken Sie daher zuerst jedes Anschauen, selbst wenn Ihr Hund zu Anfang nur den Leckerchenbeutel oder den Clicker anschaut. Nach und nach können Sie dann das direkte Anschauen gezielt clicken.

› **Positives Lernen** Beenden Sie die Übung immer positiv, auch wenn Sie einen Schritt zurück müssen. Übungen werden in den Übungspausen weiter verarbeitet (verborgenes Lernen), weshalb der Beginn einer neuen Übung mit einem vorherigen positiven Abschluss besser gelingt.

› **Übungsende** Das Wort „Ende" in Verbindung mit einer Hand voll Leckerchen signalisiert das Ende einer Übungseinheit. Für Hunde ist es sehr eindeutig, wenn das Ende mit einem bestimmten Wort angezeigt wird, und man ihnen damit zu verstehen gibt, dass ab sofort alle Bemühungen umsonst sind. Doch vor allem ist es für die meisten Menschen wichtig, ein Abschlusswort zu benutzen, um die eigene Konsequenz zu schulen. Häufig zeigen Hunde nach Abschluss einer Übung noch verschiedene bemerkenswerte Verhaltensweisen und man ist versucht, diese zu clicken. Dabei kommt es häufig zu undurchdachten Clicks.

Clicker Regel 4
Das Ende einer Übung wird für den Hund möglichst positiv gestaltet.

Verhalten formen |

- ›**Konzentration** Kann sich Ihr Hund angebunden nicht konzentrieren, dann üben Sie in einem geschlossenen Raum.
- ›**Übung an der Leine** Clicken Sie nur, wenn die Leine locker durchhängt. Das Ziehen kann zu Verspannungen beim Hund führen, die auf Dauer gesundheitliche Beeinträchtigungen nach sich ziehen können. Außerdem lernt der Hund an der Leine zu ziehen.
- ›**Erst clicken, dann belohnen** Hat Ihr Hund verstanden, dass nach dem Click etwas Positives folgt, achten Sie konsequent darauf, dass Sie erst clicken und dann zu den Leckerchen greifen (sofern Sie diese nicht in der Hand halten). Ansonsten kann das Greifen zu einem zusätzlichen Signal werden.

- ›**Kurzes Anschauen** Versichern Sie sich, dass Ihr Hund Sie wirklich anschaut. Dann erst clicken.
- ›**Belohnungsphase** Die Phase nach dem Click nennt man Belohnungsphase. Sie ist wichtig für das zu erlernende Verhalten. In der Belohnungsphase wird nie gestraft.
- ›**Augen-Nasen-Linie** Halten Sie das Leckerchen zwischen Ihren Augen und der Nase des Hundes, so dass es eine gerade Linie gibt. Damit erleichtern Sie es Ihrem Hund, direkten Kontakt zu Ihnen aufzunehmen.
- ›**Ruhe bewahren** Bellt, fiept oder jault Ihr Hund, beruhigen Sie ihn erst, bevor Sie weiter trainieren. Ansonsten kann es passieren, dass Sie dem Hund dieses Verhalten antrainieren.
- ›**Bezahlung ist wichtig** Der Hund erledigt seinen Job (z.B. setzt sich hin). Der Click ist das Geldversprechen (gut gemacht). Dann erhält er sein Geld, das Leckerchen. Meist wird er danach die gleiche „Arbeit" noch einmal machen, um an mehr Geld (Leckerchen) zu kommen. Doch erst einmal ist die Arbeit mit der Geldübergabe (Leckerchenübergabe) abgeschlossen.
- ›**Mehrere Hunde** Bevor Sie mit mehreren Hunden gemeinsam arbeiten, müssen Sie mit jedem getrennt üben. Ansonsten kommt es zu Missverständnissen.

Tipp

Schaut der Hund nach dem Click erwartungsvoll hoch, als wolle er sagen: „Na, wo bleibt meine Belohnung?", dann hat er begriffen, dass nach dem Click etwas Positives folgt. Schaut er nicht, sollte man den Kennenlernvorgang des Clickers wiederholen (siehe S. 22).

| Eva übt mit Eve das Anschauen unter erschwerten Bedingungen. Sie führt die Übung aus, obwohl andere Hunde anwesend sind.

Belohnungsphase

Nutzen Sie die Belohnungsphase auf unterschiedliche Weise. Möchten Sie, dass Ihr Hund länger in einer Position verharrt, geben Sie ihm das Leckerchen direkt ins Maul. Sie können es ihm beim „Liegen bleiben" auch direkt zwischen die Vorderbeine werfen.

Möchten Sie prüfen, ob Ihr Hund begriffen hat, dass es darum geht, eine bestimmte Verhaltensweise erneut zu zeigen, wie z.B. das Anschauen, ist es von Vorteil, wenn Sie ihm das Leckerchen auf den Boden werfen. Hierbei brechen Sie absichtlich durch die Leckerchengabe das Verhalten ab und bringen den Hund in die neue Ausgangsposition.

Die Belohnungsphase bestimmt die Geschwindigkeit des Lernprozesses sehr stark.

Hunde, die sich leicht demotivieren lassen, kann man eine Belohnung ohne Click zukommen lassen, um sie wieder zu motivieren.

Zudem ist es wichtig zu unterscheiden, ob Sie das Leckerchen noch in den Händen halten oder es von einem anderen Ort greifen. Spätestens wenn das Signal eingeführt wird, sollten Sie die Leckerchen nicht mehr in den Händen halten. Zu diesem Zeitpunkt besticht man nicht mehr und die Dauer des Verhaltens braucht nicht mehr gesteigert zu werden. Für den Hund soll es so aussehen, als ob der Click das Leckerchen hervorzaubert.

Clicker Regel 5

Der Click kann das Verhalten beenden, die Belohnungsphase beginnt. Man clickt das Verhalten und kann z.B. die Position belohnen.

Verhalten formen

Woher soll der Hund wissen, wofür er den Click erhält?

Bildlich gesehen, kann man sich folgendes vorstellen: Der Hund schießt bei jedem Click-Clack ein Polaroidfoto. Auf diesem Foto werden alle wahrgenommenen Reize abgespeichert. Dies sind z.B. sichtbare, hörbare, tastbare Reize sowie Gerüche. Die Wahrnehmung wird dabei durch das Interesse, die Stimmung, die Erfahrungen und das Wissen beeinflusst.

Bei der ersten Clickerübung schaut der Hund hoch und sofort erhält er seinen Click und sein Leckerchen.

Auf dem ersten (Click-Clack)-Foto sind vielleicht folgende drei Details enthalten: Mensch anschauen, Sofa neben mir und Ruhe. In Wirklichkeit werden in der Sekunde, wenn es clickt, viel mehr Eindrücke verarbeitet. Zur Veranschaulichung bleiben wir bei den exemplarischen drei.

Beim zweiten (Click-Clack)-Foto merkt er sich vielleicht: Mensch anschauen, Couchtisch und Ruhe.

Beim dritten Click-Clack ist ein Lied zu hören: Mensch anschauen, Sofa und Lied hören.

Nun hat der Hund die Möglichkeit, alle Fotos miteinander zu vergleichen. Die kleinste gemeinsame Teilmenge „Mensch anschauen" bleibt übrig, wenn er alle Fotos miteinander verglichen hat. Der Hund lernt, das es eigentlich ausreicht, sich auf das Anschauen zu konzentrieren, um das Click-Clack und somit die Belohnung zu erhalten.

Wichtig

Schaut Ihr Hund 6-mal in Folge oder zu achtzig Prozent, also in acht von zehn Fällen, zu Ihnen hoch, können Sie mit den weiteren Übungsschritten fortfahren. Das ist ein Erfahrungswert, der für viele Hunde zutrifft.

| Beim Clickertraining geht es eigentlich darum, die kleinste gemeinsame Teilmenge zu bilden.

Zeit ausdehnen

Das Ziel ist, dass der Hund den Hundehalter auf sein Signal hin anschauen soll und dies möglichst lange. Daher reicht nun das kurze Anschauen nicht mehr aus. Dehnen Sie die Zeit bis zum Click aus. Um einen Anhaltspunkt zu haben, können Sie mit einer Sekunde Anschauen beginnen, dann drei, dann fünf und vielleicht mit 20 Sekunden als Ziel zufrieden sein. Schaut Ihr Hund 20 Sekunden lang, können Sie davon ausgehen, dass er weiß, um was es geht. Hat er sechsmal länger als fünf Sekunden hochgeschaut, können Sie mit dem nächsten Schritt weitermachen.

So gehen Sie vor

(1) Gehen Sie wieder an Ihren gewohnten Übungsort. Leinen Sie den Hund eventuell an einem festen Gegenstand an.
(2) Schaut Ihr Hund Sie nun an, zählen Sie in Gedanken bis drei.
(3) Schaut er immer noch, clicken Sie.
(4) Werfen Sie das Leckerchen auf den Boden.
(4) Schritte zwei bis vier wiederholen, Zeit ausdehnen.
(5) Haben Sie beide Erfolg, beenden Sie die Übung mit einer Hand voll Leckerchen.

So gelingt die Übung

›**Leckerchen fangen** Fängt Ihr Hund die Leckerchen, bevor sie auf dem Boden landen, werfen Sie ein weiteres Leckerchen auf den Boden, ohne vorher zu clicken, damit er wieder wegschaut.

Clicker Regel 6

Viele kleine Schritte führen ans Ziel. Diese Schritte sollten so schwierig wie möglich und so einfach wie nötig sein (Shaping). Dabei hilft man so viel wie nötig, doch so wenig wie möglich.

›**Unter- und Überforderung** Beides trägt zu einem schlechten Lernergebnis bei. Zeigt der Hund ein anderes Verhalten als das gewünschte, geht man meist zu schnell voran oder macht die einzelnen Schritte zu groß. Gehen Sie dann zu der letzten bewältigten Stufe zurück.
›**Übungsdauer** Die eingebauten Schwierigkeiten, z.B. die Dauer, dürfen Sie nicht kontinuierlich steigern. Für den Hund muss es unvorhersehbar sein, wann die Belohnung kommt. Daher sollten Sie die Dauer auch wieder verkürzen.
›**Zeitmessung** Empfehlenswert ist eine Stoppuhr oder eine Uhr mit Sekundenzeiger. Viele Hunde haben ein feineres Gespür für die Zeit als wir Menschen.
›**Hilfestellung** Haben Sie einen sehr lebhaften Hund, kann es diesem durchaus leichter fallen, wenn Sie ihn beim Anschauen sitzen oder liegen lassen. Diese Hilfestellungen werden möglichst schnell wieder abgebaut, indem man den Hund mal liegen oder stehen lässt. Immer nach dem Grundsatz: So viel Hilfe wie nötig, doch so wenig wie möglich. Hilfe ist alles, was dem Hund hilft, die gewünschte Handlung auszuführen.

| Eine Ruhepause hilft dem Hund, neu Erlerntes aufzuarbeiten (latentes Lernen).

Vokabeln lernen

Überlegen Sie sich, wie das Signal lauten bzw. aussehen soll. In unserer Hundeschule benutzen wir das Hörzeichen „Guck". Sie können aber auch ein ganz anderes Signal verwenden. Vorteilhaft ist, wenn man ein klares Bild damit verbindet. Mit diesem Hörzeichen stellt man sich also den Blick seines Hundes vor.

Clicker Regel 7

Das Signal (früher Befehl oder Kommando) kann ein Sicht-, Hör-, Berührungs- oder Geruchszeichen sein. Selbst Gegenstände können Signale darstellen. Das Signal soll das gewünschte Verhalten zur Folge haben. Man baut es in die Übung ein, wenn man sich sicher ist, dass der Hund das gewünschte Verhalten verstanden hat.

So gehen Sie vor

(1) Gehen Sie zurück an Ihren Übungsplatz, und machen Sie die Probe. Zeigt Ihr Hund von sich aus das gewünschte dauerhafte Anschauen, können Sie das gewählte Signal einbauen.
(2) Sagen Sie „Guck".
(3) Schaut Ihr Hund Sie ein paar Sekunden lang an, clicken Sie.
(4) Werfen Sie das Leckerchen auf den Boden.
(5) Wiederholen Sie die Schritte zwei bis vier sechsmal.
(6) Nach sechs korrekten Ausführungen sagen Sie nach der Leckerchenaufnahme nichts, Sie sind einfach still. Ihr Hund wird trotzdem hochschauen, doch dafür erhält er dann keinen Click. So soll er lernen, dass es ab sofort nur noch lohnend ist, wenn Sie ihm vorher das Signal gegeben haben.
(7) Nach einer kurzen Pause sagen Sie erneut „Guck". Schaut Ihr Hund hoch, clicken Sie und werfen ihm sein Leckerchen auf den Boden. Beenden Sie die Übung mit einem Erfolg für den Hund.

So gelingt die Übung

›**Signalkontrolle** Man nennt diese Situation, eine Verhaltensweise unter Signalkontrolle bringen. Der Hund wartet eine ganze Weile aufmerksam ab, bis er das Signal erhält. Daraufhin führt er das gewünschte Verhalten möglichst sofort aus. Da viele Hunde bereits hochschauend warten, ist die Unterscheidung zwischen Warten und Ausführen des Verhaltens bei dieser Übung schwierig. Dies wird bei anderen Aufgaben deutlicher.

| Auch Dinge, wie z.B. die Körperhaltung, werden vom Hund beim Clickertraining mit abgespeichert.

›**Signal nur einmal geben** Schaut der Hund einen auf das Signal hin nicht an, ist man zu schnell vorgegangen. Gehen Sie einfach wieder einen Schritt zurück. Auf keinen Fall sollten Sie sich dazu verleiten lassen, das Signal öfter zu geben.

Umgebung verändern

Funktioniert die Signalkontrolle sechsmal ohne Beeinträchtigung können Sie damit beginnen, die Umgebung zu verändern. Die folgenden Stufen fasst man unter dem Begriff „Generalisieren" zusammen. Generalisieren bedeutet, dass der Hund auf das Signal reagiert, egal was um ihn herum passiert. Dabei geht man in kleinen Teilschritten vor. Die Trainingseinheiten werden kreativ und fantasievoll gestaltet, um gut generalisieren zu können. Abwechslungsreiche Übungen helfen dem Hund zu verstehen.
Variieren Sie zuerst einmal den eigenen Standpunkt, wobei die Entfernung zum Hund noch gleich bleibt. Aus der Sichtweise des Hundes verändert sich der Hintergrund. Die Trainingseinheiten werden kreativ und fantasievoll gestaltet, um gut generalisieren zu können. Abwechslungsreiche Übungen helfen dem Hund zu verstehen.

So gehen Sie vor

(1) Wieder stehen Sie z.B. in Ihrer eigenen Küche und haben den Clicker in der Hand. Die Leckerchen befinden sich fertig präpariert im Leckerchenbeutel. Es erleichtert die Übung, wenn Sie den Hund angeleint haben. Doch müssen Sie sich um den Hund dabei drehen können.
(2) Stellen Sie sich etwas rechts von Ihrem Hund auf und sagen „Guck".
(3) Schaut er Sie an, clicken Sie.
(4) Greifen Sie in den Beutel und werfen das Leckerchen auf den Boden.
(5) Schritte zwei bis vier wiederholen Sie so lange, bis Sie sich zweimal im Kreis um Ihren Hund bewegt haben. Dann beenden Sie die Übung positiv.
Der Hund soll in jeder Position auf das Hörzeichen das gewünschte Verhalten zeigen. Fällt ihm eine bestimmte Position schwer, gehen Sie zu einer bereits gut ausgeführten Position zurück.

Clicker Regel 8
Die Umgebung wird bei der Übung immer mit abgespeichert. Daher sollte sie immer wieder gewechselt werden.

Umgebung verändern |

Erlernte Hilflosigkeit (von Lily Merklin, Polarity Therapeutin)

Was muss man tun, um ein Tier zum Aufgeben zu bringen?
Das ist eigentlich ganz einfach: Man zeigt ihm, dass es, egal was es tut, keinen Einfluss auf seine Lage hat. Nach einiger Zeit wird es jeden Versuch und bald jegliche Aktivität einstellen und einer Mischung aus Angst, Frustration und Depression verfallen. Daraus wird es auch nicht mehr oder nur schwer erwachen, wenn sich die äußeren Umstände ändern. Beschrieben wurde dieses Phänomen der „erlernten Hilflosigkeit" erstmals 1967 von den Psychologen Seligmann und Overmier. Sie setzten Hunde aversiven Reizen aus, denen die Versuchstiere weder entfliehen noch sie auf andere Art und Weise vermeiden konnten. Ändert man die Bedingungen nach einer Weile dahingehend, dass die Hunde die Reize durch eine einfache Kopfbewegung und Druck auf eine Platte abstellen können, bleiben sie passiv. Sie haben gelernt, hilflos zu sein.

Suche nach Lösungen
Genau das Gegenteil lässt sich beobachten, wenn man Tieren nach kurzer Zeit die Möglichkeit gibt, dem Reiz zu entfliehen. Nimmt man ihnen nach einigen Versuchen diese Möglichkeit wieder, werden sie sofort nach einer anderen suchen. Als klassischer Versuch gelten hier die Ratten von Miller, die durch Druck auf einen Hebel die Tür öffnen und so dem elektrifizierten Boden entkommen konnten. Ist es nach einigen Versuchsdurchgängen nicht mehr der Hebel sondern eine Drehrolle, die die Tür aufgehen lässt, lernen sie das überraschend schnell.

Auswirkungen auf das Training
Nun haben unsere Haustiere zum Glück nur selten mit Hebeln und Rollen und Druckplatten zu tun, aber die Auswirkungen auf Training und Ausbildung liegen auf der Hand:
› Nehmen Sie Ihrem Hund nie die Chance zu reagieren! Er muss immer eine Wahl haben!
› Bestrafung, der der Hund nicht entfliehen kann, stumpft ab! Arbeiten Sie lieber mit positiver Verstärkung!
› Ihr Hund muss erkennen können, was von ihm verlangt wird! Seien Sie klar in dem, was Sie sagen und tun.

| Border Collie Abby hat bereits gelernt, sich nicht von unterschiedlichen Körperhaltungen ablenken zu lassen.

Beispiele für weitere Übungen

Haben Sie sich bereits mehrmals um Ihren Hund gedreht, können Sie bewusst Ihre eigene Körpersprache verändern. Dies kann sehr lustig werden, denn man bezieht den gesamten Körper mit ein. Vielleicht fangen Sie mit den Händen (z.B. Hände Richtung Boden oder Richtung Himmel) an, machen mit den Armen weiter, dann folgen die Füße (z.B. anheben oder aufstellen auf die Zehenspitzen), die Beine, der Rumpf (z.B. verbeugen oder drehen) und der Kopf (z.B. schief halten oder nicken). Der Hund sollte unbeeindruckt davon sein, wenn Sie z.B. auf einem Bein stehen und beide Arme Richtung Himmel strecken. Selbst wenn Sie auf dem Boden liegen oder mit dem Rücken zum Hund stehen, versteht er, was „Guck" bedeutet. Die kleinste gemeinsame Teilmenge beinhaltet immer noch das Anschauen.

Auch unsere Sprache können Sie einbauen. Schaut Ihr Hund trotz aller „Verrenkungen" immer noch dauerhaft, können Sie nach dem Signal laut bis drei zählen, um zu sehen, ob ihm das auch egal ist.

So gelingt die Übung

› **Yoga, Qi Gong und Feldenkreis** Elemente aus diesen Übungen können sehr gut ins Hundetraining aufgenommen werden (siehe Beispiel S. 32, Die stehende Berg Pose). Sie bekommen dadurch eine bessere Körperbeherrschung und können in Stresssituationen selbst wieder zur Ruhe kommen und durchatmen. Dies wirkt sich auch positiv auf Ihren Hund aus und erleichtert ihm den Lernvorgang.

Umgebung verändern |

Der „stehende Berg"

Dies ist eine kleine Übung, die die Fantasie anregen und dem Ausbalancieren und Durchatmen helfen soll. Es ist keine ausführliche Übungsanleitung, sondern soll nur ein Beispiel darstellen, wie man sich seinem Hund präsentieren kann.

Vorgehensweise:
Bei der stehenden Berg Pose (Yoga) steht man aufrecht mit geschlossenen Füßen. Die großen Zehen, Fersen, Knöchel und Knie berühren sich, die Arme hängen entspannt an den Seiten herunter. Der Kopf wird hochgehalten, so dass der Hals möglichst gerade ist. Man hält den Brustkorb in seiner normalen Position und hebt das Brustbein ein wenig an. Die Schultern drückt man zurück und nach unten. In dieser Stellung gibt man das Signal „Guck". Schaut der Hund einen an, clickt man, holt das Leckerchen aus der Tasche und gibt es dem Hund.

Hilfestellung:
Zeigt der Hund nun Probleme beim Anschauen, hat man sich vielleicht zu stark verändert. Dann geht man beim nächsten Durchgang ein wenig zu seiner gewohnten Körperhaltung zurück, so dass man es ihm wieder leichter macht.

Position des Hundes verändern

So gehen Sie vor

(1) Möchten Sie Ihren Hund anleinen, dann befestigen Sie die Leine an sich selbst, damit Sie beide Hände frei haben. Sie befinden sich immer noch an Ihrem gewohnten Übungsort und haben Clicker und Leckerchen bereitgestellt.
(2) Drehen Sie sich nun selbst ein wenig um Ihre eigene Achse und sagen „Guck". Der Hund verändert dabei seine Position.
(3) Schaut Ihr Hund Sie an, clicken Sie.
(4) Greifen Sie dann in den Leckerchenbeutel und werfen ihm seine Belohnung auf den Boden.
(5) Schritte zwei bis vier wiederholen Sie so lange, bis Sie sich zweimal im Kreis gedreht haben.
(6) Beenden Sie die Übung positiv mit ein paar Leckerchen.

| Auch wenn Eva Ihre Position nur minimal verändert, verändert sich für Spot der gesamte Hintergrund.

dern. Bleiben Sie im Übungsraum, doch gehen Sie immer einen Meter weiter, bis Sie im gesamten Raum „Guck" geübt haben. Die Entfernung zum Hund bleibt dabei die gleiche; denn man erschwert stets nur ein Kriterium. Danach können Sie den Hund auch sitzen, liegen oder stehen lassen. Damit lassen Sie den Hund merken, dass es sich nur ums Anschauen handelt und nicht darum, eine bestimmte Körperhaltung einzunehmen. Hilfreich kann es dabei sein, wenn Sie sich selbst hinsetzen oder auf den Boden legen. Die Belohnungsphase wird bewusst eingesetzt, um die Position des Hundes zu verändern. Bei anderen Übungen, bei denen es darum geht, dass der Hund verharren lernt, reicht man dem Hund das Leckerchen oder wirft es ihm zu, so dass er seine Position nicht verlässt. In dieser Phase sollten Sie den Clicker nicht mehr sichtbar betätigen, denn auch der Clicker kann zu einem Signal werden. Betätigen Sie ihn z.B. in der Jackentasche. Danach können Sie in anderen ablenkungsarmen Umgebungen üben, auch mit unangeleintem Hund.

Beispiele für weitere Übungen

Den Hund jeweils in eine neue Position zu bringen, erhöht die Vielfalt der Umgebungen. Sobald Sie Ihren Hund einige Male um sich selber gedreht haben, können Sie Ihre Position noch stärker verän-

Position des Hundes verändern |

Entfernung vergrößern

So gehen Sie vor

(1) Ihr Hund ist zu Beginn an einem unbeweglichen Gegenstand angeleint.
(2) Sie entfernen sich einen Schritt und sagen „Guck".
(3) Schaut Ihr Hund Sie an, clicken Sie.
(4) Geben Sie ihm das Leckerchen. Dieses können Sie ihm entweder zuwerfen oder bringen. Probieren Sie es einfach einmal aus.
(5) Wiederholen Sie die Schritte zwei bis vier einige Male und entfernen sich Schritt für Schritt von Ihrem Hund. Funktioniert dies gut, geben Sie das Signal „Ende". Können Sie sich 20 Schritte von Ihrem Hund entfernen, und er schaut Sie weiterhin an, können Sie zur nächsten Übung übergehen.

So gelingt die Übung

›**Signale gelten auch in Entfernung**
Ihr Hund lernt bei dieser Übung, dass Signale nicht nur in Ihrer Nähe, sondern auch in Entfernung befolgt werden müssen.
›**Neubeginn** Wirft man das Leckerchen vor dem Hund auf den Boden, muss er zwangsläufig kurz wegschauen. Dadurch hat man es leichter, die Übung erneut zu beginnen.

Ablenkungen einbauen

Ablenkungen sind auch ein Teil der Umgebung. Nachdem Sie mit Ihrem Hund an verschiedenen ablenkungsarmen Orten geübt haben, suchen Sie sich nun Orte, an denen sich Ablenkungen bieten. Beginnen Sie mit einfachen Ablenkungen.

Andere Personen

Falls Sie eine Person aus dem Bekanntenkreis zur Verfügung haben, können Sie diese bitten, sich ruhig im Garten aufzustellen, während Sie „Guck" üben.

| Die Entfernung wird langsam gesteigert, der
  Hund immer wieder geclickt und belohnt.

Danach kann sich diese Person erst in
Entfernung, später auch in der Nähe erst
langsam, dann immer schneller bewegen
und so die Ablenkung erschweren.
Sie können auch Kinder als Ablenkung
einbauen, was eine noch höhere Schwie-
rigkeit darstellt. Vor allem wenn sie vorbei rennen, wild herumfuchteln oder laut
rufend vorbei laufen. Belohnung kann
dann auch ein Spiel mit den Kindern sein.

Spielzeug, Objekte und Futter

Gestalten Sie den Beginn wie beschrieben. Geben Sie dann das Signal „Guck"
und sobald Ihr Hund schaut, werfen Sie
z.B. ein Taschentuchpäckchen zwei Meter
weg. Lässt Ihr Hund sich nicht, oder nur
kurz ablenken, clicken Sie und es folgt die
Belohnung.
Es ist völlig in Ordnung, wenn Ihr Hund
kurz schaut, wohin das Objekt geworfen

wurde. Konzentriert er sich danach wieder auf Sie, clicken Sie sofort.
Falls das gut funktioniert, können Sie verschiedene Hundespielsachen oder auch
Leckerchen verwenden. Bei den ersten
Würfen ist es vorteilhaft, wenn der Gegenstand für den Hund unerreichbar ist.

Andere Hunde oder Tiere

Ablenkungen können auch andere Hunde
oder Tiere sein. Bitten Sie Hundehalter,
an Ihnen und Ihrem Hund vorbeizulaufen,
wenn Sie üben. Lässt Ihr Hund sich nicht
oder kaum ablenken, folgt der Click und
die Belohnung. Auch diese Aufgabe wird
solange geübt, bis Ihr Hund sechsmal in
Folge keine Schwierigkeiten mehr damit
hat. Andere Tiere können Kaninchen im
Käfig, Katzen oder Kühe sein.
Diese Übung setzt großes Vertrauen Ihres
Hundes in Sie voraus. Lässt er sich von
Umweltreizen nicht mehr ablenken, müssen Sie die Verantwortung für alle Situationen übernehmen. Denn sein Verhalten
darf nicht enttäuscht werden. Trauen Sie
sich das nicht zu, darf die Anforderung
nur so weit gesteigert werden, dass der
Hund auch wegschauen darf, wenn ihm
eine Situation unsicher vorkommt.
Kommt es zu Situationen, die man nicht
mehr kontrollieren kann, bricht man die
Übung sofort ab. Die Sicherheit geht immer vor. Ist der Hund im Vorfeld unsicher
oder ängstlich, kann man ihm z.B. mit
Tellington-TTeam® (spezielle Körper-
und Bodenarbeit) helfen, seine Angst abzubauen. Beziehen Sie andere Tiere in die
Übung mit ein, achten Sie darauf, dass
auch diese in ihrem Wohlbefinden nicht
eingeschränkt werden.

| Der Click beendet das Verhalten, die Belohnungsphase beginnt. Daher schaut Emma auch nach dem Click noch hoch.

›**Folgeübung** Sie können auch mit einer anderen Übung fortfahren.
Es ist wichtig, die Übung wieder aufzuheben. Denn Sie haben Ihren Hund um etwas gebeten und dann ist es nur fair ihm auch zu sagen, wann er wieder aufhören kann. Versäumt man das Aufheben, hebt der Hund es irgendwann von alleine auf.

Signal aufheben

Bisher sieht Sie Ihr Hund solange an, bis Sie clicken. Das Ziel ist jedoch, dass er möglichst lange schauen soll. Woher soll Ihr Hund aber wissen, wann er wegschauen kann? Man kann entweder eine andere Übung anhängen oder ihm sagen, dass er weggehen darf.

So gehen Sie vor

(1) Ihr Hund ist ohne Leine, den Clicker halten Sie in der Hand und die Leckerchen sind griffbereit.
(2) Sagen Sie „Guck".
(3) Schaut Ihr Hund Sie zehn Sekunden an, clicken Sie.
(4) Nehmen Sie dann ein Leckerchen, werfen es auf den Boden und sagen dabei z.B. „Lauf". Es folgt ein Wettrennen.

So gelingt die Übung

›**Ende** Nach „Lauf" ist die Übung abgeschlossen und der Hund darf tun, wonach ihm gerade ist.

Variabel belohnen

Haben Sie die hier beschriebene Trainingsstufe „Signal aufheben" erreicht, können Sie den Clicker langsam abbauen.

So gehen Sie vor

(1) Ihr Hund ist abgeleint, der Clicker in der Hand, die Leckerchen bereit.
(2) Sagen Sie „Guck".
(3) Sieht Ihr Hund Sie an, clicken und belohnen Sie ihn.
(4) Wiederholen Sie die Übung sechs Mal.
(5) Beim siebten Mal sagen Sie „Guck"
– Ihr Hund erhält für sein Hochschauen jedoch lediglich ein „Fein gemacht".
(6) Sagen Sie erneut „Guck".
(7) Schaut er hoch, warten Sie einige Sekunden, clicken und geben das Leckerli.
(8) Zum Abschluss sagen Sie wieder „Guck", lassen ihn eine Weile schauen und heben dann die Übung mit „Lauf" auf.

So gelingt die Übung

›**Belohnung** Das Ziel ist, das Gelernte abrufen zu können ohne zu clicken. Jedoch kann man nicht ganz mit dem Belohnen aufhören, da das Gelernte sonst wieder vergessen wird. Das ist vergleichbar mit dem Vokabelnlernen einer fremden Sprache. Auch diese Vokabeln geraten in Vergessenheit, wenn sie nicht ab und an aufgefrischt werden. Man baut den Clicker langsam ab, um den Hund nicht zu verunsichern. Schließlich könnte er denken, es wäre nicht mehr lohnend, weil er nur ein „Fein gemacht" als Bestätigung erhält. Sie können Ihren Hund auch mit der Stimme loben oder ihn streicheln.

›**In kleinen Schritten zum Ziel** Falls Sie an irgendeiner Trainingsstufe nicht weiterkommen, gehen Sie wieder eine zurück. Scheitern Sie immer an derselben Stufe, lesen Sie sich die Schritte noch einmal genau durch oder lassen Sie eine zweite Person beim Training zusehen. Diese sieht häufig mehr als man selbst.

Die Basis ist gelegt

Die Anschau-Übung soll exemplarisch verdeutlichen, welche Regeln beim Clicken beachtet werden sollen. Es hört sich langatmig und umständlich an, doch wenn man es ausprobiert, können die einzelnen Schritte durchaus in ein paar Minuten erledigt sein. Außerdem ist es wie beim Hausbau – ist das Fundament (Basisübung „Guck") solide errichtet worden, kann beim Aufbau einiges schief gehen und trotzdem stürzt das ganze Haus nicht in sich zusammen.

Die Konzentrationsfähigkeit ist individuell stark verschieden. Nutzen Sie immer den Spaß als Indikator. Hören Sie mit einer besonderen Belohnung auf, wenn es gut funktioniert. Das bringt den größten Erfolg. Diese besondere Belohnung können z.B. die übrig gebliebenen Leckerchen sein, die man dem Hund hinhält oder hinwirft. Ich werfe unseren Hunden häufig eine Hand voll kleiner Leckerchen hin, die sie dann suchen dürfen. Wir haben diesen Abschluss „Hundeparty" getauft. Sie hilft den Hunden ruhig zu werden, wenn sie aufgeregt sind oder sich in Bewegung zu setzen, wenn sie lustlos waren.

Haben Sie verschiedene Übungen erarbeitet, können Sie diese auch hintereinander abfragen. Merken Sie, dass Ihr Hund noch Schwierigkeiten bei der Unterscheidung der verschiedenen Signale hat, müssen Sie noch öfter üben. Mehr als fünf Verhaltensweisen zu mischen, bedeutet Höchstleistung.

Clicker Regel 9

Der Lernvorgang wird abgeschlossen, die Lernhilfe (Clicker) wieder abgebaut.

Clicker Regel 10

**Kein Fortschritt?
Gehen Sie einen Schritt zurück, machen Sie die Schritte leichter, lesen Sie nochmals die Regeln durch oder holen Sie sich Hilfe.**

Clicker Regel 11

Grundsätzlich sollte man eher kurze Übungseinheiten planen. Der beste Zeitpunkt aufzuhören ist, wenn man sich denkt: Jetzt nur noch einmal!

Variabel belohnen

| Clickt man, während der Hund auf einen zukommt, wird er sich sein Leckerchen gerne abholen kommen.

Heranrufen

Heranrufen ist eine besondere Übung. Zum einen kann sie Leben retten, denn in gefährlichen Situationen ist sie häufig das Mittel der Wahl. Zum anderen wird man sie nicht ausschließlich üben können, wie die Übungen „Sitz", „Platz" oder „Steh". Da man mit seinem Hund nicht im Labor lebt, wird man ihn rufen müssen, auch wenn man es noch nicht genügend geübt hat. Heranrufen ist z.B. auch ein gutes Mittel, um Auseinandersetzungen zwischen Hunden vorzubeugen.
Der Hund lernt ein Alternativverhalten, das er in brenzligen Situationen ausführen kann.

Häufigkeit des Signals

Gehören Sie eher zu den Viel-Rufern, zählen Sie auf dem nächsten Spaziergang einmal mit, wie oft Sie Ihren Hund gerufen haben. Sicher werden Sie sich nicht wundern, wenn Ihr Hund auf das Signal nicht mehr reagiert. Denn auch Ihnen würde es nicht gefallen, wenn man Sie ständig ruft und etwas von Ihnen will. Rufen Sie nur, wenn es für beide Seiten Sinn macht!
Übrigens gibt es nichts Natürlicheres, als seinen Hund mit Leckerchen zu locken. Man hat selbst bei Wolfsmüttern beobachten können, dass sie mit dem Fleischbrocken im Maul bis zur Höhle laufen, um dann wieder abzudrehen und die Welpen folgen zu lassen. Lange Zeit hat man sich gewundert, warum die Wolfsmutter ihren Kindern das Fleisch nicht direkt an die Höhle liefert, bis man zu der These übergegangen ist, dass auch sie ihre Welpen dadurch zum Mitkommen erzieht.

Zielvorstellung

Der Hund soll auf Signal zielstrebig und rasch kommen. Im Normalfall benutzt man hierbei ein Hörzeichen und kein Sichtzeichen. Der Hund soll schließlich auch kommen, wenn er aus dem Sichtbereich heraus ist, oder wenn er sich gerade entfernt.

Verhalten formen

Egal ob mit oder ohne Leine, suchen Sie anfangs wieder einen ablenkungsarmen Ort auf. Üben Sie in Räumen oder in eingezäuntem Gebiet, können Sie ohne Leine arbeiten. In freiem Gelände sollten Sie den Hund am Anfang immer angeleint haben. Befestigen Sie die Leine an sich selbst, damit Sie die Hände frei haben.

So gehen Sie vor

(1) Nehmen Sie den Clicker und einige Leckerchen in die eine Hand und halten Sie in der anderen immer nur eines.
(2) Entfernen Sie sich einen Schritt Rückwärts von Ihrem Hund und machen Sie ein aufmunterndes Geräusch. Die meisten Hunde werden aus Neugierde folgen. Hierbei wird noch nicht gesprochen!
(3) Kommt Ihr Hund auf Sie zu und die Leine hängt locker durch, clicken Sie.
(4) Werfen Sie ein Leckerli auf den Boden.
(5) Wiederholen Sie Schritt drei und vier.
(6) Danach drehen Sie sich wortlos ein wenig vom Hund weg und bleiben stehen.
(7) Kommt Ihr Hund hinterher, clicken Sie, sobald er ins Sichtfeld kommt.
(8) Er erhält sein Leckerchen auf dem Boden, so dass Sie sich wieder etwas abwenden können.
(9) Schritte sieben und acht noch einige Male wiederholen und dabei stets ein wenig abdrehen. Wenn es besonders gut funktioniert, sagen Sie „Lauf" und geben ihm noch ein paar Leckerchen ohne eine Gegenleistung zu verlangen.

Tipp

Besonders einfach ist es mit Welpen; es funktioniert jedoch auch mit erwachsenen Hunden. Der Hund muss dazu allerdings gern fressen, ansonsten nehmen Sie hierzu eine kleine Dose Katzenfutter.

Stufe 1 Füttern Sie Ihren Hund und geben ihm dabei das Signal „Hierher" (siehe S. 42). Das wiederholen Sie zwei Wochen lang wenigstens jeden Tag zweimal. Je häufiger am Tag Sie es machen, um so besser prägt es sich ein.

Stufe 2 Nun ändern Sie Ihre Strategie – das Signal erfolgt vor dem Fressen. Sie rufen, Ihr Hund kommt angerannt, Sie clicken und er bekommt sein Futter. Wiederholen Sie auch diesen Schritt mindestens zwei Wochen lang, täglich zweimal. Von Vorteil ist es, wenn Sie ein völlig neues Hörzeichen, z.B. einen Pfiff, verwenden, welches noch unbekannt und neutral ist.

Verhalten formen

| Kommt Ihr Hund nur zögernd auf Sie zu, dann beobachten Sie genau, was ihn aufhält.

So gelingt die Übung

›**Bestechung** Viele Hunde lernen zwar zu folgen, wenn man ein Leckerchen in der Hand hat. Doch ohne Leckerchen sehen sie darin keinen Sinn. Einer Bestechung bedient man sich nur, wenn der Hund ansonsten gar nicht folgt. Dieses starke Hilfsmittel muss schnell wieder abgebaut werden.
›**Weggehen vom Hund** Gehen Sie auf den Hund zu, gibt es für ihn keinen Grund zu folgen! Das Weggehen ist für ihn viel interessanter.
›**Kein Laut** In dieser Phase wird noch nicht gesprochen. Der Hund soll lernen, Aufmerksamkeit zu zeigen, ohne dass man mit ihm spricht.

Zeit ausdehnen

Der Zeitfaktor kann auch beim Heranrufen eine Rolle spielen. Doch wird hier die Zeit nicht ausgedehnt, sondern Sie clicken nur noch, wenn Ihr Hund zügig ankommt. Kommt er angeschlendert oder interessiert sich für Anderes auf seinem Weg, klären Sie, ob es sich um ein Beschwichtigungsverhalten handelt oder ob ihn tatsächlich „wichtige" Dinge aufhalten. Schnüffelt er an einer interessanten Stelle oder schaut er Vögeln hinterher, die gerade aufgeflogen sind? Kommt er immer langsam und vielleicht im Bogen angelaufen, schnüffelt oder schaut häufig betreten zur Seite? Dann gibt es eventuell eine Unstimmigkeit zwischen Ihnen beiden. Es können viele Dinge gewesen sein, die das Herankommen erschweren. Für manche Hunde ist das direkte Angeschautwerden nicht sehr angenehm.

Für andere ist der Griff nach dem Halsband eine bedrohliche Geste. Das „Über-den-Hund-beugen" ist häufig Grund für ein Unwohlsein. Finden Sie heraus, welcher Umstand Ihrem Hund das Herankommen erschwert.

Tipp

Kommt Ihr Hund langsam heran, und Sie sind sich nicht sicher aus welchem Grund, dann ziehen Sie eine Hilfsperson zu Rate. Aus neutraler Perspektive lassen sich Ursachen meist schneller erkennen, und man kann gezielt daran arbeiten.

So gehen Sie vor

(1) Jetzt ist es wichtig, dass Sie sich auf einem ebenen, einfarbigen Boden befinden, von dem sich die Leckerchen gut abheben. Diese sollten eher etwas größer sein und gut duften. In der Wurfhand haben Sie ein Leckerchen, in der anderen befindet sich der Clicker und unter dem Clicker einige weitere Leckerli. Stellen Sie sich so auf, dass Sie nach rechts und links wenigstens zehn Meter Platz haben.
(2) Werfen Sie ein Leckerli mit deutlicher Armbewegung weit nach rechts weg.
(3) Hat er das Leckerli erreicht und gefressen, wird er sich umschauen, ob es vielleicht noch weitere Leckerchen gibt. Falls er sich nicht umschaut, machen Sie ihn mit einem Geräusch aufmerksam.
(4) Geben Sie ihm durch die gleiche Armbewegung in die entgegengesetzte Richtung zu verstehen, dass Sie ein Leckerchen weit nach links werfen.
(5) Während Ihr Hund auf Sie zukommt und in eine schnellere Gangart übergeht, clicken Sie. Die Belohnung haben Sie bereits geworfen.
(6) Schritt zwei bis fünf wiederholen Sie noch einige Male, bis Sie sicher sind, dass er das „Spiel" verstanden hat.
(7) Danach markieren Sie den Gangartwechsel mit einem Hörzeichen, z.B. „Schneller". In dem Moment, in dem er sich nach der Leckerchenaufnahme zu Ihnen umschaut, werfen Sie erneut eines in die entgegengesetzte Richtung und rufen ihm dabei „Schneller" zu.
(8) Clicken Sie, während Ihr Hund schnell auf Sie zukommt.
(9) Wiederholen Sie Schritt sieben und acht noch ein paar Mal.

So gelingt die Übung

› **Ebener, einfarbiger Boden** Er ist nötig, damit die Hunde nicht lange das Leckerchen suchen müssen.
› **Endgeschwindigkeit** Sie wird bei einem Windhund anders sein als bei einem Basset, doch ein bisschen schneller kann sich jeder Hund bewegen lernen.

Signal „Hinter"

Dem Hund das Signal „Hinter" zu lehren, kann in verschiedenen Situationen hilfreich sein. Häufig setze ich es an Stellen ein, die ich selber nicht gut einsehen kann und nicht weiß, was uns dort eventuell erwarten wird. Vor allen Dingen, wenn ich mit mehreren Hunden unter-

| Ischka wartet stehend darauf, abgerufen zu werden.

Vokabeln lernen

Folgt Ihr Hund Ihnen, sobald Sie sich von ihm entfernen, können Sie das Hörzeichen einbauen. Vielfach wird der Name des Hundes verwendet. Dabei ist es wichtig, dass der Name möglichst nur zum Heranrufen und nicht als Aufmerksamkeitssignal verwendet wird.
Als Alternative können Sie auch „Hierher" benutzen. Dieses Wort ist durch das lang gezogene „I" sehr weit hörbar. Mit den beiden Silben gibt man dem Hund die Möglichkeit, bei „Hier" aufmerksam zu werden und bei „Her"zu kommen .

wegs bin. Manchmal ist es bei Treppenaufgängen oder an Haustüren nützlich. Beim Signalwort „Hinter" geht der Hund hinter seinem Halter her, was eine gute Portion Selbstbeherrschung abverlangt. Am leichtesten bringen Sie es Ihrem Hund in einem schmalen Gang, z.B. im Flur, oder einem Treppenaufgang bei. Clicken Sie zuerst einmal das Stehen hinter Ihnen (siehe S. 53). Dabei ist es hilfreich, wenn Sie sich direkt nach dem Click zu Ihrem Hund umdrehen und ihm dann sein Leckerli auf den Boden werfen. Wenn das gut funktioniert, gehen Sie einen Schritt vorwärts. Bleibt Ihr Hund hinter Ihnen, clicken Sie, drehen sich schnellstmöglich zu ihm um und geben ihm sein Leckerli, wiederum auf dem Boden. Dadurch, dass Sie ihm sein Leckerchen auf den Boden werfen, haben Sie einen gewissen Zeitvorsprung, um sich erneut umzudrehen und zu entfernen. Manche Hund bleiben nach dieser Übung häufiger stehen. Dann müssen Sie im Folgenden aufpassen, dass Sie tatsächlich die Bewegung clicken. Im Treppenhaus können Sie die Bewegung meist gut hören, sonst lohnt es sich mit einem Handspiegel zu arbeiten.

So gehen Sie vor

(1) Gehen Sie zu Ihrem Trainingsort und befestigen Sie Ihren Hund an sich selbst. Die Leckerchen haben Sie griffbereit im Leckerchenbeutel und den Clicker in der Hand.
(2) Geben Sie das Signal „Hierher" und bewegen Sie sich eine Leinenlänge weg vom Hund. Die Leine wird dabei nicht gespannt, sondern soll locker durchhängen.
(3) Hängt die Leine locker durch, und der Hund kommt auf Sie zu, clicken Sie während Ihr Hund noch läuft.
(4) Holen Sie das Leckerchen aus der Tasche und werfen es so weit weg, dass der angeleinte Hund es noch erreichen kann, er sich jedoch ein paar Schritte entfernt.
(5) Schritt zwei bis vier wiederholen Sie noch sechsmal.
(6) Sagen Sie „Hierher" und bleiben dabei stehen. Das Rückwärtsgehen ist eine Hilfe und unterbleibt möglichst schnell.
(7) Kommt Ihr Hund auf Sie zu, clicken Sie erneut Ihren Hund im Laufen.

(8) Schritt sechs und sieben wiederholen Sie ebenfalls noch einige Male. Dann beenden Sie die Übung wie gewohnt.

So gelingt die Übung

› **In die Hocke gehen** Für viele Hunde ist es einfacher, auf eine kleine Person zuzulaufen. Deshalb können Sie am Anfang in die Hocke gehen.
› **Hundepfeife** Sie hat Vor- und Nachteile. Der größte Nachteil ist die Abhängigkeit. Hat man die Pfeife vergessen, muss der Hund im Extremfall an der Leine bleiben. Allerdings ist ein Pfeifton über weitere Distanzen, sowie gegen Windgeräusche besser hörbar. Nutzen Sie beide Signale. Haben Sie ein Signal, z.B. das Wortsignal, fest etabliert, können Sie ein zweites Signal, z.B. den Pfiff, zusätzlich einführen. Dazu muss jeweils das neue Signal (Pfiff) kurz vor dem alten Signal (Hierher) gegeben werden.
› **Tonfall** Er soll dem Hund etwas Schönes verheißen, als würde man seinen Geburtstagskuchen bereithalten. Auch die Lautstärke sollte angenehm sein und die Aussprache der Signale deutlich.

Umgebung verändern

So gehen Sie vor

(1) Man befindet sich mit einer Hilfsperson und dem angeleinten Hund an einem ablenkungsarmen Ort. Der Hund trägt ein Brustgeschirr. Im weiteren nenne ich die beiden Personen A und B, damit man sie unterscheiden kann.

| Folgt Ihr Hund zuverlässig, können Sie die Leine an sich selbst befestigen. Somit haben Sie beide Hände für Clicker und Leckerchen frei.

Vokabeln lernen |

(2) Person A hält den Hund fest.
(3) Person B hält den Clicker und die Leckerchen bereit und entfernt sich ein paar Meter vom Hund.
(4) Dann ruft Person B den Hund mit dem Hörzeichen „Hierher".
(5) In dem Moment, in dem das „Hierher" ertönt, lässt Person A den Hund los.
(6) Person B clickt den Hund, wenn er bei ihr angekommen ist und gibt ein Leckerli.
(7) Nun ruft Person A den Hund heran.

So gelingt die Übung

- **Loslassen** Der Hund muss sofort losgelassen werden, wenn er gerufen wird.
- **Geschirr** Es vereinfacht das Festhalten des Hundes.
- **Entfernung** Man beginnt mit kleinen Distanzen und steigert diese langsam.
- **Bellen** Beginnt Ihr Hund vor Aufregung zu bellen, beruhigen Sie ihn. Nutzt dies nichts, brechen Sie die Übung ab, damit sich das Verhalten nicht festigt.
- **Mehrere Personen** Die Übung kann auch mit meheren Personen gemacht werden.
- **Der Hund bewegt sich nicht!** Leinen Sie Ihren Hund an und locken Sie ihn.
- **Ablenkung** Ist Ihr Hund an anderen Dingen interessiert, wählen Sie einen neuen ablenkungsfreien Ort.
- **Schleppleine** Befolgt Ihr Hund das Signal nicht zuverlässig, nehmen Sie eine Schleppleine zur Hilfe.
- **Belohnung** Sie können sich parallel zum Click freuen, das motiviert zusätzlich.
- **Verstecken** Sie können sich auch verstecken und den Hund dann rufen. Gerät er in Panik, gehen Sie zu ihm und gestalten dieses Spiel einfacher. Lassen Sie ihn z.B. beim Verstecken zusehen, oder machen Sie sich mit einem Geräusch bemerkbar.
- **Körpersprache** Ihr Hund kommt, wenn Sie ihn aufrecht stehend zu sich rufen. Nun können Sie verschiedene Körperbewegungen einbauen. Strecken Sie z.B. die Arme nach oben oder setzen Sie sich auf einen Stuhl (siehe S. 31).

| Peter und Eva haben den Clicker in der Hand und Leckerchen griffbereit. Curly erhält jeweils den Click und ihr Leckerchen, wenn sie bei einer Person ankommt. Dann wird sie von der anderen gerufen.

Ablenkungen

Andere Personen

Zuerst bitten Sie eine weitere Person, sich in der Nähe ruhig aufzuhalten, während Sie das Heranrufen üben. Danach kann diese Person vorbeilaufen, rennen oder sonstige Bewegungen machen.

Spielzeug/ Objekte /Futter

›Verleitung mit Leckerchen/Spielzeug
Sie befinden sich mit zwei Hilfspersonen (A und B) an einem ablenkungsarmen Ort, an dem Sie mit dem abgeleinten Hund üben können. Halten Sie den Clicker und Leckerchen bereit. Ihr Hund wird von Person A am Brustgeschirr festgehalten. Person B platziert ein Leckerchen ca. 2 m entfernt, so dass Ihr Hund es wahrnehmen kann, jedoch ein wenig abseits der Linie zwischen Ihnen und Ihrem Hund. Dann rufen Sie ihn mit „Hierher" zu sich. Möchte Ihr Hund das Leckerchen aufnehmen, stellt sich Person B sofort darauf. Erwischt er das Leckerchen, dann ist man wohl zu langsam gewesen. Das sollte einem den Spaß nicht verderben. Hat er keinen Erfolg, wird er zu Ihnen kommen und dort seinen Click und die Belohnung erhalten. Sind Sie alleine, nehmen Sie Ihren Hund an die Leine und legen ihn ins Platz. Dann entfernen Sie sich eine Leinenlänge (Leine in der Hand) und legen das Leckerli oder ein Spielzeug hin. Gehen Sie ein paar Schritte nach rechts oder links und rufen Ihren Hund mit „Hierher". Falls er zu dem Leckerchen oder Spielzeug hin möchte, halten Sie ihn mittels der Leine davon ab. Jedoch nur kurz die Leine annehmen und gleich wieder locker lassen. Halten Sie ihm dabei ein Leckerchen direkt unter die Nase und führen Sie ihn langsam zu sich heran. Dann folgt der Click und die Belohnung.

Ablenkungen |

| Eva entfernt sich beim Abrufen, um ihrem Hund das Weggehen von seinem Futternapf zu erleichtern.

lohnung einsetzen. Nehmen Sie Ihren Hund an die Leine. Hat er einen Spielgefährten gesehen und möchte zu ihm hin, sprechen Sie ihn mit „Hierher" an. Richtet er seine Konzentration auf Sie und die Leine lockert sich, dann clicken Sie und geben ihm das Leckerchen. Fassen Sie Ihren Hund am Brustgeschirr und leinen Sie ihn ab. Sobald Sie sich mit dem anderen Hundehalter ausgetauscht haben, können Sie beide Hunde gleichzeitig aufeinander zulassen. Clicken Sie ihn vorher noch einmal für das ruhige Warten und lassen Sie ihn dann mit „Lauf" zu seinen Spielgefährten.

›**Vom Spiel abrufen** Ihr Hund spielt mit einem anderen Hund. Sprechen Sie sich vorher mit dem anderen Hundehalter ab, damit beide Hunde abgerufen werden. Das ist fairer. Nehmen Sie dann den Clicker und eine 500-Euro-Belohnung. Bei den ersten Versuchen bringt man sich so dicht an den Hund, dass dieser einen gut wahrnehmen kann. Welpen haben einen begrenzten Wahrnehmungsradius. Das bedeutet, dass man zu Anfang sehr dicht an sie herantreten muss.

›**Bewegte Objekte** Wenn Ihr Hund sich durch ein liegendes Spielzeug nicht mehr ablenken lässt, können sich zwei Personen auch eines zuwerfen.

›**Fressnapf** Stellen Sie Ihrem Hund seinen gefüllten Fressnapf hin und lassen ihn fressen. Entfernen Sie sich einen Schritt und rufen Sie ihn mit „Hierher" zu sich. Hört er mit dem Fressen auf und kommt zu Ihnen, geben Sie ihm eine 500-Euro-Belohnung. Sie muss dem Hund mehr Wert sein, als sein Fressen im Napf. Danach sagen Sie „Lauf" und lassen ihn sein Futter weiterfressen.

Andere Hunde

›**Kontrolliertes Spielen** Die stärkste Ablenkung sind häufig andere Hunde. Beim Herankommen kann man diese als Be-

Warten Sie einen Augenblick ab, in dem die Hunde nicht allzu laut spielen oder gerade kurz voneinander ablassen, so dass sie einen wahrnehmen können. Wichtig ist, dass der eigene Hunde nicht gerade unter dem anderen liegt, denn dann kann er auch nicht kommen. Rufen Sie ihn mit „Hierher" zu sich, Ihre Stimme muss dabei etwas ganz Tolles versprechen. Richtet Ihr Hund seine Konzentration auf Sie, clicken Sie und zeigen ihm sein Leckerchen.

Kommt er angelaufen, erhält er das Leckerli, während Sie ihn kurz festhalten. Steht er ruhig neben Ihnen, clicken Sie, sagen „Lauf" und entlassen ihn wieder.

Hilfe, mein Hund hört nicht!

Reagiert Ihr Hund auf das Signal einmal nicht, stellen Sie sich folgende Fragen:
› Hat er das Signal hören können? Vielleicht war es zu leise!
› Haben Sie die Übung genug geübt?
› Reicht die Motivation aus, damit Ihr Hund reagiert?

Vorsicht

Hält man ein Leckerchen oder Spielzeug zu dicht „an zwei Hundenasen", kann es sehr schnell zu einer Auseinandersetzung der eben noch befreundeten Spielgefährten kommen!

› Ist die vorhandene Ablenkung zu groß?
› Ist die Aufregung, die Unruhe im Körper Ihres Hundes zu groß?
› Gibt es einen Krankheitsgrund, oder einen Umstand, der es Ihrem Hund erschwert, auf das Signal zu reagieren? Dem Nasentier Hund ist es z.B. unangenehm, wenn er sich auf eine Stelle setzen oder legen soll, wo kurz zuvor ein Artgenosse sich entleert hat!

Häufig hört man Hundehalter sagen, „Mein Hund hört nicht!" Doch hören kann er immer, er folgt nur nicht immer!

| Die Spinone-Italiano-Hündin Thispe hat ihre Freundin Mia entdeckt. Doch sie wird erst abgeleint, wenn sie sich zu Frauchen setzt.

Ablenkungen |

| Der besseren Verständigung und der Fairness wegen, wird der eigene Hund nur abgeleint, wenn der entgegenkommende ebenfalls abgeleint ist oder wird.

Signal aufheben

Haben Sie sich als Ziel nur definiert, dass der Hund auf Signal kommen soll, kann er ohne Signalaufhebung wieder laufen. Wird es zum Problem, dass der Hund sofort nach dem Leckerchen wieder geht, formuliert man sein Ziel etwas um. Es könnte dann heißen, der Hund soll auf Signal hin kommen und bleiben, bis man ihn wieder frei gibt. Dieses Detail habe ich in die vorangegangenen Phasen bereits einfließen lassen, indem man den Hund jeweils kurz festhält.

So gelingt die Übung

›**Ziehen** Zieht Ihr Hund, während Sie ihn am Geschirr festhalten, nehmen Sie die Spannung kurz durch einen leichten Zug an und lockern diesen sofort wieder. Ist er ruhig, clicken Sie und er erhält ein weiteres Leckerchen. Danach lassen Sie ihn wieder gehen oder leinen ihn an.
›**Hinsetzen** Sie können Ihren Hund auch vor sich sitzen lassen, sobald er bei Ihnen ist. Dann müssen Sie das Sitzen clicken und belohnen. Überlegen Sie sich vorher, was Sie vom Hund wünschen.
›**Festhalten** Hat Ihr Hund mit dem „Gegriffen werden" Probleme, duckt sich weg, springt weg oder kommt nicht mehr ganz heran, müssen Sie erst das Festhalten üben.
›**Bleib** Verhält sich Ihr Hund ruhig, können Sie ihm „Bleib" sagen, um ihm für das kurze Verharren ein Signal zu geben.

Variabel belohnen

Kommt Ihr Hund zuverlässig, wenn Sie ihn rufen, selbst wenn ihn etwas ablenkt, dann clicken Sie nicht mehr jedes Herankommen, sondern loben ihn vielleicht und schicken ihn wieder spielen. Auch bei der Belohnung können Sie zwischen den „1000-Euro" und den „100-Euro-Leckerchen" abwechseln. Wie schon erwähnt, müssen Sie Ihren Hund auch in Situationen rufen, in denen Sie den Clicker nicht griffbereit haben. Doch je häufiger Sie es in der beschriebenen Weise üben, umso schneller wird Ihr Hund das Signal verstehen lernen.

An-/Ableinen

Zielvorstellung

›**Anleinen** Der Hund soll ruhig warten, bis die Leine an ihm befestigt ist.
›**Ableinen** Der Hund soll ruhig warten, bis die Leine entfernt ist und er das Signal zum Laufen bekommt.

Verhalten einfangen/ Anleinen

Ich habe bereits die Punkte erwähnt, die das Anleinen für den Hund erschweren können. Rufen Sie Ihren Hund häufig, nur um ihm eine Belohnung zu geben. Viele Hunde verbinden mit dem Anleinen nämlich das Ende des Spiels oder des Spazierganges. Und wer möchte dann schon angeleint werden? Die schönste Zeit des Hundes spielt sich meist ohne Leine ab.

So gehen Sie vor

›**Drei-Leckerchen-Methode**
Für die Praxis hat sich diese Methode bewährt. Aus Ermangelung einer dritten Hand verzichtet man ausnahmsweise auf den Clicker.
(1) Halten Sie jeweils ein Leckerchen in jeder Hand, der Leckerchenbeutel ist gefüllt und die Leine griffbereit.
(2) Geben Sie Ihrem Hund das erste Leckerchen aus der rechten Hand (Linkshänder nehmen die linke Hand), wenn er auf Ihr Signal „Hierher" schnell herangekommen ist.

Brustgeschirr

Brustgeschirre eignen sich besser, da das Ziehen am Halsband dem Hund die Luft nimmt und er sich verspannt. Dies kann zu Atemwegserkrankungen und Wirbelsäulenverletzungen führen. Die normale Atmung versorgt das Blut mit Sauerstoff. Eine zu schnelle oder behinderte Atmung verringert die Sauerstoffzufuhr. Dies kann in extremen Situationen zu Schwindel, Herzrhythmusstörungen, Panik oder gar Ohnmacht führen. So ist das Ziehen immer mit Anspannung verbunden, die den Lernvorgang erschwert.

Anlegen des Geschirrs:
Das Brustgeschirr sollte dem Körper des Hundes angepasst sein. Der Anlegepunkt der Leine ist möglichst über dem Widerrist.

Weitere Hilfsmittel:
Weitere Hilfsmittel wie flaches Halsband, Kopfhalfter oder Doppelter Diamant machen eine Doppelpunktführung möglich (siehe S.63).

| Herankommen und Anleinen sind zwei verschiedene Übungen und sollten deshalb auch beide extra belohnt werden.

(3) Das zweite Leckerchen halten Sie ihm direkt danach vor die Nase.
(4) Während das Leckerchen vor seiner Nase schwebt und ihn damit am Ort hält, greifen Sie ihn am Brustgeschirr.
(5) Geben Sie ihm jetzt das zweite Leckerchen und leinen ihn an.
(6) Ist er angeleint und keine Spannung mehr auf der Leine, schnalzen Sie mit der Zunge (so dass ein dem Clicker ähnlicher Laut entsteht).
(7) Nun erhält er ein drittes Leckerchen aus dem Leckerchenbeutel.
Dieser Prozess beinhaltet kein Formen im eigentlichen Sinn, doch ist es in der Praxis sehr hilfreich.

›**Zwei-Leinen-Methode**
(1) Leinen Sie Ihren Hund mit der ersten Leine an, so dass er sich nicht zu weit entfernen kann. Eine zweite Leine, sowie Leckerchen sind griffbereit, den Clicker halten Sie in der Hand.
(2) Haben Sie das Anschauen bereits geübt, können Sie mit „Guck" beginnen.
(3) Setzen Sie sich dann neben Ihren Hund und befestigen eine zweite Leine.
(4) Bleibt er ruhig stehen, clicken und belohnen Sie ihn.

So gelingt die Übung
›**Körperhaltung** Achten Sie darauf, dass Sie neben dem Hund stehen, nicht frontal. Gehen Sie in die Hocke, beugen Sie sich nicht über den Hund.
›**Festhalten** Halten Sie den Hund am Geschirr, nie am Fell oder der Rute fest!
›**Streicheln** Ist Ihr Hund sehr ängstlich, können Sie ihn vor dem Anleinen streicheln. Streichen Sie ihm sachte über das Fell. Bleibt er dabei ruhig und entspannt stehen, wird geclickt. Macht das Anfassen Schwierigkeiten, versuchen Sie es am besten mit Tellington-TTEAM®. Diese Übungen können bei berührungsempfindlichen Hunden wahre Wunder bewirken.
›**Erst belohnen** Ein Leckerchen oder begehrtes Spielzeug in der Hand zu halten, mit der man den Hund an- oder ableinen möchte, erweist sich häufig als sehr hinderlich. Der Hund wird normalerweise damit gelockt und kann es nun nicht verstehen, dass er in diesem Augenblick nicht mit der Nase folgen soll. Daher steckt man das Spielzeug in die Tasche oder gibt dem Hund das Leckerchen, bevor man die Hand zum Anleinen benutzt.

Verhalten einfangen/ Ableinen

Häufig haben die Hunde es nicht gelernt, in Ruhe abgeleint zu werden. Sie ziehen an der Leine um frei zu kommen und man hat es schwer, den Karabiner zu öffnen. Der Hund lernt: „Je mehr ich ziehe, umso schneller kann ich losrennen." Um diesem Lernschritt vorzubeugen, übt man von Anfang an das Ableinen.

So gehen Sie vor

(1) Befestigen Sie zwei Leinen am Geschirr Ihres Hundes. Eine Leine wird an einem unbeweglichen Gegenstand festgemacht. Die zweite Leine hängt locker vom Hund herab. Clicker und Leckerchen sind griffbereit.
(2) Setzen Sie sich neben Ihren Hund. Verharrt dieser dabei auf der Stelle und die befestigte Leine hängt locker durch, clicken Sie und geben ihm ein Leckerchen.
(3) Bleibt Ihr Hund ruhig, greifen Sie nach dem Karabiner der herunterhängenden Leine.
(4) Bleibt Ihr Hund entspannt, clicken Sie und er erhält wieder ein Leckerchen.
(5) Jetzt betätigen Sie den Karabiner, ohne ihn tatsächlich zu entfernen. Wartet Ihr Hund wiederum ruhig ab, folgt der Click und die Belohnung.

Vokabeln lernen

Im Folgenden werde ich das An- und Ableinen nicht mehr in zwei Teile untergliedern, da es häufig in Kombination geübt werden kann.
Viele Hundehalter nehmen für das An- bzw. Ableinen kein bestimmtes Signal. Ich habe die Erfahrung gemacht, dass Hörzeichen die klare Vorstellung der Handlung erleichtern. Deshalb können Sie z.B. „Anleinen" und „Losmachen" zu Ihrem Hund sagen, um ihm die Handlung anzukündigen.

So gehen Sie vor

(1) Clicker, Leine, Leckerli bereit halten.
(2) Hund rufen,
(3) Hund kommt,

(4) clicken,
(5) Leckerchen geben,
(6) Signal „Anleinen" geben,
(7) anleinen,
(8) Hund verhält sich ruhig,
(9) clicken,
(10) Leckerchen geben,
(11) Signal „Losmachen" geben,
(12) Karabiner abmachen,
(13) Hund verhält sich ruhig und verharrt,
(14) clicken,
(15) Leckerchen geben,
(16) Signal „Lauf" geben.

Umgebung verändern

Auch bei dieser Übung spielt die Umgebung eine große Rolle. Üben Sie das Anleinen häufig und nicht nur, wenn es notwendig ist. Nutzen Sie alle Situationen, in denen Ihr Hund von sich aus ruhig wartet. Grundsätzlich können Sie das Anfassen mit den Tellington-TTouches® vorbereiten. Diese wohltuenden Hautverschiebungen sind darauf ausgerichtet,

Anspannungen, die meist aus Schmerz, mangelnder Sicherheit oder Angst heraus resultieren, im Körper des Tieres zu lösen. Da ein enger Zusammenhang zwischen Verhaltensmustern und den Anspannungen besteht, können die Hunde durch die TTouches® z.B. ihre Einstellung zu ihrem Menschen ändern. Wenn man sich hierzu Hilfe holt, gilt es darauf zu achten, dass man sich an einen lizenzierten TTeam®-Practitioner wendet.

Die eigene Körpersprache

Wie schon anfangs erwähnt, ist es für manche Hunde schwierig, sich anleinen zu lassen, während man sich über sie beugt. Für andere Hunde ist es unangenehm, sich von vorne an- oder ableinen zu lassen. Hierbei ist die Frage zu stellen, ob es überhaupt nötig ist, den Hund aus dieser Position an- bzw. abzuleinen. Aber vielleicht möchten Sie es für das bessere Selbstbewusstsein des Hundes mit ihm zusammen üben. Situationen, die für den Hund schwierig sind, in denen er droht oder sich ängstlich zeigt, zusammen zu meistern, so dass beide Partner dabei gelassen bleiben können, stärken die Bindung und das Vertrauen zueinander. Eventuell gibt es Situationen, in denen es leichter wäre, wenn man den Hund von vorne anleinen könnte, z.B. wenn man ihn aus dem Auto holt. Doch meist kann man solche Situationen mit etwas Fantasie umgehen. Im Auto kann man z.B. erst einmal die Leine am Hund befestigt lassen, so dass man ihn dort nicht anleinen muss. Bevor Sie bestimmte Schwierigkeiten mit Ihrem Hund nicht geübt haben, vermeiden Sie solche Situationen.

| Das Signal „Steh" kann in vielen Situationen hilfreich sein, z.B. wenn Ihr Hund kurz warten soll, bis Sie bei ihm sind.

Steh, Sitz, Platz

Da sich bei „Steh", „Sitz" und „Platz" viele Übungsschritte wiederholen, habe ich sie zusammengefasst. „Steh" wird exemplarisch verwendet. Die Positionen werden einzeln geübt. Ab dem Zeitpunkt, ab dem man die Vokabel gelehrt hat, kann man verschiedene Kombinationen üben.

Zielvorstellung

› **Steh** Der Hund soll sich auf das Hörzeichen „Steh" hinstellen und stehen bleiben, bis etwas anderes gesagt wird.
› **Sitz** Der Hund soll sich auf das Hörzeichen „Sitz" hinsetzen und sitzen bleiben, bis etwas anderes gesagt wird.
› **Platz** Der Hund soll sich auf das Hörzeichen „Platz" hinlegen und liegen bleiben, bis etwas anderes gesagt wird.

Verhalten formen

Beim Erlernen der Grundpositionen ist es notwendig, dass Sie sich viele Leckerchen in die Clickerhand nehmen, um sie sehr schnell greifen und Ihren Hund in der eingenommenen Position belohnen können.

So gehen Sie bei „Steh" vor

(1) Gehen Sie in eine abwechslungsarme Umgebung und leinen den Hund an einem unbeweglichen Gegenstand an. Clicker und Leckerchen liegen bereit.
(2) Halten Sie Ihrem Hund ein Leckerli genau vor die Nase, und bewegen Sie die Hand langsam vor der Nase des Hundes auf Höhe seiner Schulter von ihm weg.
(3) Ihr Hund wird aufstehen oder stehen bleiben. Clicken und Belohnen.
(4) Haben Sie diesen Schritt sechsmal erfolgreich durchgeführt, versuchen Sie es ohne Bestechung. Täuschen Sie vor, dass

Verhalten einfangen |

Sie ein Leckerchen in der Hand haben und machen die gleiche Armbewegung.
(5) Steht Ihr Hund, Click und Belohnung.

So gelingt die Übung „Steh"

› **Unterstützung mit der Hand** Bei sehr zappeligen Hunden, die sich schnell wieder hinsetzen, greifen Sie mit der Hand leicht unter den Bauch, während Sie mit der anderen das Leckerchen vor die Nase halten.
› **Handzeichen** Die offene Hand zeigt mit der Handinnenfläche zum Hund, der Arm hängt dabei herunter. Das Leckerchen klemmt man sich zwischen den Zeige- und den Mittelfinger, so dass es auf der Handinnenseite gut zu sehen ist.
› **Leckerchenhaltung** Hält man das Leckerchen zu hoch, setzen sich viele Hunde hin. Hält man es zu tief, legen sich viele Hunde. Daher hält man das Leckerchen auf Widerristhöhe vor den Hund.
› **Position** Setzt oder legt sich Ihr Hund nach dem Click, bewegen Sie das Leckerchen so weg, dass er sich hinstellt.
› **Ausstellungen** Gehen Sie mit Ihrem Hund auf Ausstellungen, achten Sie darauf, dass die verschiedenen Rassen sich unterschiedlich präsentieren sollen. Dazu können Sie dem Hund zwei verschiedene „Steh"-Positionen lehren, mit unterschiedlichen Vokabeln.

So gehen Sie bei „Sitz" vor

(1) Gehen Sie wieder an Ihren Übungsort.
(2) Klemmen Sie sich einen Futterbrocken zwischen Daumen und Mittelfinger, der Zeigefinger zeigt dabei gerade nach oben.
(3) Halten Sie das Leckerli fast an die Hundenase und ziehen es von da aus ein wenig höher in Richtung Hundestirn. Damit möchte man erreichen, dass der Hund hochschaut und sein Hinterteil Richtung Boden bewegt.
(4) Geht das hintere Körperdrittel herunter, clicken Sie und geben dem Hund das Leckerchen.
(5) Hat er sich sechsmal in Folge mit Leckerchenbestechung gesetzt, versuchen Sie es ohne Bestechung. Führen Sie die Übung wie beschrieben aus, nur ohne Leckerchennahme.
(6) Setzt sich Ihr Hund, clicken Sie und geben ihm das Leckerchen im Sitzen.
(7) Funktioniert dieser Schritt sechsmal, geben Sie nur das Handzeichen, die geschlossene Hand und den nach oben gerichteten Zeigefinger, ohne die Leckerchennahme anzutäuschen.
(8) Setzt sich Ihr Hund hin, clicken Sie und er bekommt sein Leckerchen. Wenn es gerade besonders gut funktioniert hat, beenden Sie die Übung mit dem Signal „Ende" und geben dem Hund noch ein paar Leckerchen, ohne eine Gegenleistung zu verlangen.

| Das Handzeichen für „Steh" ist die flache Hand (Innenfläche zum Hund). Der erhobene Zeigefinger signalisiert „Sitz".

| Eva zeigt Drigon mit der flachen Hand (Innenfläche nach unten), dass er „Platz" machen soll.

So gelingt die Übung „Sitz"

› **Hochspringen** Manche Hunde springen hoch, wenn man das Leckerchen zu hoch hält oder verrenken sich den Kopf, wenn man es zu niedrig hält. Probieren Sie es aus und achten Sie auf das hintere Körperdrittel.
› **Erfolgsdauer** Manche Hunde setzen sich sofort, bei anderen muss man jeden Zentimeter näher am Boden clicken. Wichtig ist bei jedem Click ein Leckerchen.
› **Ausweichen** Läuft Ihr Hund rückwärts, können Sie ihn in eine Ecke stellen, um ihm eine weitere Hilfestellung zu bieten.
› **Verweigerung** Sitzt Ihr Hund trotz vieler Versuche und vieler Clicks nicht gerne oder nur beschwerlich, lassen Sie durch einen Tierarzt abklären, ob vielleicht eine Krankheit diese Schwerfälligkeit auslöst. Zudem hilft manchmal ein Tellington®-Körperband, um das Bewusstsein im hinteren Körperdrittel zu steigern. Das Körperband kann auch beim Hinlegen hilfreich sein (siehe S. 70 und Tellington-Training für Hunde, S. 77).

So gehen Sie bei „Platz" vor

(1) Gehen Sie an Ihren Übungsort.
(2) Lassen Sie Ihren Hund sitzen.
(3) Halten Sie das Leckerchen dem Hund unter die Nase. Stellen Sie sich eine dünne Schnur zwischen dem Leckerchen und der Hundenase vor. An dieser Schnur versuchen Sie die Nase in L-Form auf den Boden zu ziehen, d.h. erst gerade runter und dann auf dem Boden ein wenig weg vom Hund.
(4) Folgt Ihr Hund, d.h. die Vorderbeine knicken ein, während der Po auf dem Boden bleibt, Click und Belohnung. Geht der Po in die Höhe, lassen Sie ihn wieder sitzen, bevor Sie fortfahren.
(5) Hat Ihr Hund sechsmal in Folge gelegen, täuschen Sie die Leckerchennahme vor. Ansonsten verfahren Sie, wie bei Schritt drei und vier beschrieben.
(6) Legt Ihr Hund sich erneut hin, wird er wieder geclickt und erhält sein Leckerchen im Liegen.
(7) Nach weiteren sechs Versuchen beenden Sie die Übung positiv.

| Curly lernt sich hinzulegen, indem Eva sie durch ihr ausgestrecktes Bein durchlockt.

So gelingt die Übung „Platz"

› **Hindernis** Eine Hilfe kann ein Hindernis sein, durch welches man den Hund hindurchlockt, z.B. das ausgestreckte Bein oder ein Stuhl. Das Hindernis muss so niedrig sein, dass der Hund sich beim Durchlocken hinlegen muss. Jeder richtige Ansatz wird geclickt.
› **Bestechung** Bestechen Sie so lange, bis er sich auch ohne Leckerchen hinlegt.
› **Verharren des Leckerlis am Boden** Dies stellt für manche Hunde eine Hilfe dar.
› **Handzeichen** Bei Schritt zwei können Sie das Handsignal einbauen. Dazu klemmen Sie sich ein Leckerchen zwischen Daumen und Zeigefinger oder Zeige- und Mittelfinger. Alle Finger sind ausgestreckt, anliegend und Sie halten die Hand flach hin. Die Handfläche weist dabei gen Boden. Mit dieser Handhaltung versuchen Sie nun, wie beschrieben, den Hund ins Platz „zu führen".
› **Eigene Position** Zu Beginn der Übung befinden Sie sich in der Hocke. Mit der Zeit sollte der Hund die Übung auch ausführen, wenn Sie aufrecht stehen.

Zeit ausdehnen

So gehen Sie vor

(1) bis (3) Wiederholen Sie die Schritte eins bis drei wie auf S. 53 beschrieben.
(4) Nach der Belohnung clicken Sie sofort wieder und vermitteln Ihrem Hund, dass es lohnend ist, in dieser Position zu verharren. Dann bekommt er sein Leckerli.
(5) Bei manchen Hunden muss man Schritt vier wenigstens zehnmal wiederholen, bis der Hund eine Idee davon bekommt, dass er nur verharren muss, um an weitere Clicks zu gelangen.

So gelingt die Übung

› **Falsche Position** Geht Ihr Hund nach dem Click in eine andere Position, dann führen Sie ihn mit dem Leckerchen wieder in die richtige zurück.
› **Belohnungsphase** Strafen Sie nie in der Belohnungsphase. Funktioniert es nicht, erhält der Hund trotzdem sein Leckerli.
› **Zeit** Die Zeit wird nicht kontinuierlich gesteigert. Der Click soll immer überraschend bleiben.
› **Schnelligkeit** Nehmen Sie einige Leckerchen bereits in die Clickerhand und nur eines in die andere. Dann schaffen Sie es, den Hund nach dem Click schnell zu belohnen.
› **Verstehen** Da der Click das Verhalten im Normalfall beendet, braucht es bei manchen Hunden viele Wiederholungen, bis sie diese Übung verstanden haben.

| Taschka lässt sich von Peters verschiedenen Körperhaltungen nicht mehr ablenken.

Umgebung verändern

Bei dieser Übung können Sie vorgehen, wie beim Anschauen bereits beschrieben (siehe S. 29).

Weitere Übungsmöglichkeiten

Sie können z.B. den Kopf schief halten oder ihn in den Nacken legen. Dann sagen Sie „Steh". Stellt sich Ihr Hund hin, clicken Sie, und er erhält sein Leckerchen. Hat er mit den Kopfbewegungen keine Probleme mehr, gehen Sie zu den Händen und Armen über. Sie können z.B. erst die eine Hand zur Faust schließen und wenn dies in Ordnung ist, beide Hände zu Fäusten formen. Danach verändern Sie die Fuß- oder Beinstellung, bis hin zur ganzen Körperhaltung.

Vokabeln lernen

So gehen Sie vor

(1) Gehen Sie wieder an Ihren gewohnten Übungsort.
(2) Sagen Sie zu Ihrem Hund „Steh" und geben direkt im Anschluss das bekannte Handzeichen.
(3) Der Hund stellt sich hin und wartet ab.
(4) Dafür erhält er seinen Click und das Leckerchen in verharrender Position.
(5) Diese Kombination wiederholen Sie sechsmal in Folge.
(6) Danach sagen Sie dem Hund „Steh" und warten etwa einen tiefen Atemzug ab, ob er sich von alleine hinstellt. Steht er nach fünf Sekunden noch nicht, hilft man ihm mit dem Handzeichen.
(7) Nach weiteren Versuchen kommt der Hund recht schnell darauf, dass dem Hörzeichen immer wieder das Handzeichen folgt, so dass er sich schon aus „weiser Voraussicht" hinstellt! Ab dann müsste es genügen, dass Hörzeichen alleine zu geben.

Tipp

Ein Keep-Going-Signal wie „Bleib" kann hilfreich sein, denn sich Hinstellen und Stehen bleiben sind zwei verschiedene Dinge. Bleibt Ihr Hund während des Clickens und Fütterns stehen, können Sie „Bleib" einbauen. Führen Sie das neue Signal nach dem Click und vor dem Füttern ein. Es soll dem Hund so viel sagen, wie „Gleich kommt das Futter!" Verlängern Sie bereits vorher die Zeitspanne zwischen dem Click und der Belohnung. Funktioniert dies, führen Sie „Bleib" vor dem Click ein.

Qi-Gong-Übung

Als Hilfestellung kann man sich wie beim Qi Gong verschiedene Positionen vorstellen und verändert in der vorgestellten Weise den eigenen Körper. Bei einer speziellen Qi-Gong-Position sitzt man auf einem Stuhl und stellt sich vor, einen großen Ball in den Händen zu halten. Dementsprechend sitzt man möglichst aufrecht und hebt die Hände mit den Handflächen nach oben. In der einen Hand hält man den Clicker. Die Beine stehen fest auf dem Boden und sind beckenbreit voneinander getrennt. Der Kopf ist aufrecht. Nun sagt man „Steh". Stellt sich der Hund hin, clickt man und er erhält sein Leckerchen.

Position des Hundes verändern

Schauen Sie sich die Bewegung des Hundes genau an. Eigentlich erwartet man mindestens drei verschiedene Verhaltensweisen, wenn man z.B. „Steh" sagt. Diese sind wiederum abhängig von der Ausgangsposition, in der sich der Hund befindet.

›**Steh aus dem Laufen** Läuft der Hund, bedeutet „Steh", dass er anhält und in dieser aufrechten Position verharrt. Diese Verhaltensweise lernen die meisten Hunde sehr schnell.

›**Steh aus dem Sitzen** Hierbei bleiben die Vorderbeine in der aufrechten Position und die Hinterbeine werden durchgedrückt, das ist eher ein Aufstehen, als ein Stehen. Dieses „Steh" fällt den meisten Hunden schwerer. Üben kann man diese Stufe erst, wenn der Hund bereits „Steh" beherrscht. Sobald Ihr Hund sitzt, geben Sie ihm das Signal „Steh". Stellt er sich hin, clicken und belohnen Sie ihn. Stellt er sich nicht hin, geben Sie ihm als Hilfestellung das Handzeichen. Funktioniert auch dies nicht, können Sie es mit einem Leckerchen versuchen. Führen Sie das Leckerchen von seiner Nase weg nach vorne, so dass er automatisch aufsteht. Bauen Sie danach die Hilfen wieder ab, indem Sie ein Leckerchen in der Hand vortäuschen. Danach können Sie das Hörzeichen „Steh" einführen und gleich danach das Handzeichen geben. Beim nächsten Schritt lassen Sie eine kurze Pause zwischen dem Hör- und Handzeichen, um zu schauen, ob vielleicht das Hörzeichen schon genügt.

›**Steh aus dem Liegen** Hierbei müssen die Hinter- und die Vorderbeine durchgedrückt werden, das ist für viele Hunde schwierig. Legen Sie Ihren Hund ins Platz und geben Sie ihm das Signal „Steh". Wenn es funktioniert, clicken und belohnen. Haben Sie Schwierigkeiten, können Sie ihm „Auf" als Zwischenschritt beibringen. Lassen Sie Ihren Hund abliegen und sagen Sie „Auf". Danach helfen Sie ihm mittels Leckerchen oder Körperbewegung, z.B. einem schnellen Schritt rückwärts oder einer sanften aufwärts gerichteten Berührung unterm Bauch, dabei aufzustehen. Dann clicken Sie und geben das Leckerchen.

| Das Hilfssignal „Auf" erleichtert den meisten Hunden die Bewegung von unten nach oben.

Nun sagen Sie ihm das eigentliche Hörzeichen „Steh" und geben ihm, falls nötig, noch kleine Hilfen, damit er erfolgreich sein kann. Click und Belohnung.

›**Sitz aus dem Stehen** Beim Sitzen aus dem Stehen knicken lediglich die Hinterbeine ein.

›**Sitz aus dem Liegen** Beim Sitzen aus dem Liegen heraus, muss der Hund den Vorderkörper aufrichten und dabei die Vorderbeine aufstellen. Geben Sie Ihrem Hund das Signal „Platz". Dann geben Sie das Signal „Sitz". Setzt er sich hin, Click und Belohnung. Müssen Sie mit einem Leckerchen nachhelfen, dann ziehen Sie dieses von der Hundenase Richtung Himmel. Führen Sie das Leckerli nicht zu hoch, sonst springt der Hund evt. auf.

›**Platz aus dem Sitzen** Der Hund legt sich aus der „Sitz"-Position hin, knickt also lediglich die Vorderbeine ein.

›**Platz aus dem Stehen** Hier muss der Hund die Vorder- und Hinterbeine einknicken. Geben Sie Ihrem Hund das Hörzeichen „Steh". Ziehen Sie dann das Leckerchen, ausgehend von der Hundenase, langsam schräg Richtung Hundebrust und Boden. Erkennen Sie eine Abwärtsbewegung der Schultern, manchmal auch nur des Kopfes, clicken und belohnen. Falls die Hinterhand noch aufgerichtet ist, nennt man diese Stellung Vorderkörpertiefstellung oder einfach Verbeugung. Um zu erreichen, dass der Hund sich komplett hinlegt, lockt man die Hundenase mit dem Leckerchen nun wieder etwas nach oben.

Position des Hundes verändern |

Entfernung vergrößern

So gehen Sie vor

(1) Gehen Sie an Ihren Übungsort.

(2) Sagen Sie Ihrem Hund „Steh".

(3) Steht Ihr Hund, entfernen Sie sich langsam einen halben Schritt.

(4) Bleibt Ihr Hund stehen, erhält er seinen Click.

(5) Nun müssen Sie schnell wieder zu Ihrem Hund zurückgehen, damit er in dieser Position seine Belohnung erhält.

(6) Hat er sich direkt nach dem Click in Bewegung gesetzt, bekommt er sein Leckerchen mit einer kleinen Hilfestellung, so dass er wieder steht. Dabei kommt man ihm, mit dem Leckerchen in der Hand, auf Schulterhöhe entgegen.

(7) Diesen halben Schritt wiederholen Sie solange, bis Ihr Hund sechsmal in Folge ruhig stehengeblieben ist und Sie ihn clicken und belohnen konnten.

(8) Danach entfernen Sie sich einen ganzen Schritt und clicken erneut, wenn er steht.

(9) Erhöhen Sie nun die Entfernung schrittweise. Immer so weit, wie Ihr Hund noch stehen bleibt. Wird er unsicher, verringern Sie wieder die Entfernung.

(10) Können Sie sich 30 Schritte in gerader Richtung von ihm entfernen, können Sie sich auch seitwärts weg bewegen. Gehen Sie hier genauso vor wie eben beschrieben.

(11) Die Entfernung dehnt sich danach schrittweise auf alle Himmelsrichtungen aus. Für viele Hunde ist es am schwierigsten, wenn man sich hinter sie bewegt, so dass sie einen nicht mehr sehen können. Daher übt man alle anderen Richtungen vorher.

Ablenkungen einbauen

Jedes Hund-Mensch-Team hat seine eigene, individuelle Lerngeschwindigkeit, die es zu berücksichtigen gilt. Als Indikator ist der Spaß ganz wichtig. Sie und Ihr Hund sollten gut gelaunt sein und die Übungen entspannt und mit Freude durchführen.

Andere Personen

Sie können als Ablenkung Personen neben Ihren Hund stellen, während Sie ihn fürs „Steh" clicken. Danach können die Personen vorbeigehen oder rennen. Während Ihr Hund steht, können Sie eine andere Person mit Handschlag begrüßen. Diese Person kann den Hund dann auch anfassen und abstreichen. Dabei clicken Sie jedes Mal, wenn Ihr Hund ruhig wartet und die Situation duldet.

Diese Übung wird jeden Tierarzt und Hundefrisör erfreuen. Wenn Ihr Hund das Stehen und sich Berühren lassen gelernt hat, hat der Tierarzt es sehr viel leichter. Auch für Zuchtschauen kann diese Übung interessant sein. Hier wird ein ganz bestimmtes Standbild des Hundes erwartet. Mit dem Clicker kann man ihm z.B. antrainieren, die Rute höher zu tragen, eine Pfote weiter vor zu stellen oder in eine andere Gangart zu fallen.

Spielzeug, Objekte und Futter

Steht Ihr Hund überall, in jeder Entfernung, egal ob Sie sich gerade unterhalten oder Kniebeugen machen, dann können Sie ihn mit Spielzeug etc. ablenken.

So gehen Sie vor

(1) Gehen Sie an einen ruhigen Ort und leinen Sie Ihren Hund an.
(2) Nehmen Sie einen für den Hund uninteressanten Gegenstand, z.B. ein Päckchen Taschentücher, in die Hand.
(3) Geben Sie Ihrem Hund das Signal „Steh" und, wenn er steht, werfen Sie den Gegenstand einen Meter entfernt auf den Boden.
(4) Ist Ihr Hund an lockerer Leine stehen geblieben, clicken Sie und er erhält sein Leckerchen während er weiterhin steht.
(5) Während Sie Schritt zwei bis fünf wiederholen, können Sie den Gegenstand immer weiter wegwerfen.

So gelingt die Übung

›**Verleitung zu groß** Ist er nicht stehen geblieben, können Sie den Gegenstand erst einmal nur in der Hand halten oder anstatt zu werfen, ihn hinlegen.
›**Steigerung** Steigern Sie die Übung mit einem Spielzeug von „eher langweilig" bis zum „bestem Spielzeug der Welt".
›**Platz** Interessiert sich Ihr Hund sehr für das weggeworfene Spielzeug, können Sie das Leckerli durch den Freilauf ersetzen, so dass er das Spielzeug erbeuten darf. Natürlich nur, wenn er vorher für das Stehenbleiben geclickt werden konnte.
›**Leine** Die Leine ist an einem unbeweglichen Gegenstand befestigt.

Aus Sicht einer Tierärztin

Mit dem Clicker kann man seinem Hund viele Dinge beibringen, die bei der tierärztlichen Behandlung nützlich sind. Es ist für ihn weniger bedrohlich und bei großen Hunden für den Besitzer und den Tierarzt rückenschonend, wenn er selber auf den Tisch springt. Für eine möglichst stressarme Untersuchung ist es gut, wenn er nicht nur „Sitz" und „Platz" gelernt hat, sondern sich auch auf die Seite (z. B. für eine Untersuchung der Gliedmaßen) und auf den Rücken legt (z. B. für eine Röntgenaufnahme). Die Übung „Steh" ist ebenfalls nützlich, weil viele Hunde, wenn sie auf dem Tisch unsicher werden, sich lieber hinsetzen. Für ein Durchtasten des Bauches ist es aber notwendig, dass der Hund steht. Für die bei den meisten Hunden wenig beliebten Augenuntersuchungen, Zahnkontrollen und Fiebermessen kann mit dem Clicker ein ruhiges Stehenbleiben geübt werden. Als Prophylaxe von Zahnerkrankungen ist Zähneputzen empfehlenswert.

Dr. Daniela Zurr

Ablenkungen einbauen

Andere Hunde und Tiere

Nun können Sie „Steh" in einer Hundegruppe oder im Tierpark üben. Achten Sie darauf, dass die Sicherheit des Hundes immer gewährleistet ist. Möchte ein anderer Hund gerade mit Ihrem spielen, sollten Sie keine Übung von ihm verlangen. Sie können zwischen kontrollierten und/oder angeleinten Hunden trainieren.

Signal aufheben

Auch bei „Steh", „Sitz" und „Platz" heben Sie das Signal immer mit „Lauf" auf und die Übung ist dann beendet.

Variabel belohnen

Steht Ihr Hund auf das Signal „Steh", egal was passiert, ist es Zeit, das Clicken abzubauen. In der Praxis kann man mit den unterschiedlichsten Belohnungen aufwarten. Steht Ihr Hund auf Wunsch, bevor Sie die Kofferraumklappe öffnen, kann das Hinausspringen schon Belohnung genug sein. Kommt eine ihm bekannte Person auf Besuch, kann man dem Hund „Steh" sagen und ihn, als Belohnung, die Person begrüßen lassen. Zu Anfang clickt man sechs gelungene Übungen und ersetzt bei der nächsten den Click durch ein Loben. Danach clickt man die nächsten gelungenen Übungen wieder.

Signale für die Sicherheit

Für Stadthunde kann es lebensrettend sein, wenn sie lernen, an Bordsteinkanten immer zu sitzen. Die Bordsteinkante soll später als Signal allein genügen.
Leinen Sie Ihren Hund auf jeden Fall an Straßen an. Führen Sie ihn zu der Bordsteinkante (am Anfang immer dieselbe Stelle) und geben das Signal „Sitz". Setzt er sich hin, bekommt er den Click und ein Leckerli.

Nach einigen Wiederholungen führen Sie ihn an den Bordstein, warten jedoch mit dem Signal. Vielleicht setzt er sich bereits automatisch hin. Wenn nicht, geben Sie ihm das Hörzeichen und wiederholen die Übung noch einige Male, bis er den Bordstein als Signal wahrnimmt. Dann kann man auch an anderen Stellen üben. Auch stark befahrene Straßen sind wichtig, damit er sich an die Geräuschkulisse gewöhnt.

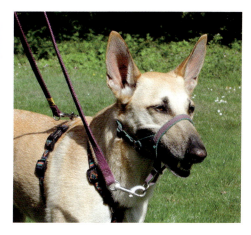

| Die TTeam®-Balanceleine (unten) ist eine Zweipunktführung. Das Kopfhalfter (oben) hat auf viele Hunde eine beruhigende Wirkung.

Lockere Leine

Gründe für das Leineziehen

Da die Grundgangart unserer Hunde meist schneller ist als die des Menschen, erreicht der Hund sehr schnell das Ende der Leine und danach folgt das Ziehen. Auch zieht der Hund, weil das Ziehen funktioniert – er kommt meist an, wo er hin möchte. Zum anderen gibt es einen so genannten Widerstandsreflex, durch den er sich in die Leine hängt, sobald er am Hals Druck verspürt. Druck erzeugt Gegendruck, Zug erzeugt Gegenzug.

Hilfsmittel

Es gibt verschiedene Hilfsmittel aus der TTEAM®-Arbeit, die hier hilfreich sein können. Welche Hilfe für den individuellen Hund die richtige ist, muss ausprobiert werden.
Die Balanceleine, das Balancegeschirr und das Mambo (GREH-Geschirr) sind Halteformen, die es einem erleichtern, den Hund in seine Balance zurückzubringen. Diese Halte- bzw. Geschirrformen erlauben eine Zwei-Punkt-Führung und den Hund vor der Brust zu halten. Die Kopfhalfterführung erlaubt ebenfalls eine Zwei-Punkt-Führung. Außerdem kann man damit die Kopfhaltung und die Blickrichtung beeinflussen. Das Kopfhalfter wird aus Sicherheitsgründen nicht als alleinige Führung verwendet.
Alle beschriebenen Führhilfen sind auch aus gesundheitlicher Sicht empfehlenswert, da jeglicher Zug und Gegenzug

beim Menschen und beim Tier zu Gesundheitsproblemen führen kann, besonders wenn der Hund am Halsband geführt wird. Diese Hilfen sind jeweils Lernhilfen wie der Clicker. Sie können wieder abgebaut werden, sobald der Hund gelernt hat, an lockerer Leine mitzulaufen.
Die Übung „Anschauen" oder den Hund vorher zu touchen ist hilfreich, da er dadurch bereits gelernt hat, ein wenig auf uns zu achten.

| Hat der Hund gelernt, aufmerksam zu folgen, ist dies der erste Schritt zur Leinenführigkeit.

Zielvorstellung

Der Hund soll an lockerer Leine mitlaufen. Natürlich benötigt er auch genügend Auslauf, um Energie abzubauen. Nehmen Sie stets Rücksicht auf die Bedürfnisse Ihres Hundes. Er darf auch schnüffeln oder sich lösen. Dass die Verbindung (Leine) zwischen Mensch und Hund locker durchhängt, bedeutet, dass beide aufeinander achten. Daher ist es entscheidend, dass der Hund auf gleicher Höhe mitläuft. Sonst bekommt er nicht mit, wenn Sie die Richtung wechseln.

Verhalten formen

Man kann zwei verschiedene Ausbildungswege parallel beschreiben; den Ausbildungsbeginn mit und ohne Leine.

So gehen Sie vor (ohne Leine)

(1) Gehen Sie an einen ruhigen Ort, mit einem einfarbigen Untergrund, auf dem man die Leckerchen gut sehen kann.
(2) Machen Sie Ihren Hund mit einem schnalzenden Geräusch oder dem Signal „Guck" aufmerksam.
(3) Sobald er hersieht oder herankommt, clicken Sie.
(4) Werfen Sie das Leckerchen einen Schritt hinter sich auf den Boden. Es sollte nicht direkt hinter Ihnen, sondern etwas seitlich landen, so dass Sie es noch im Auge haben und der Hund wieder schnell an Ihrer Seite ist.
(5) Gehen Sie ein bis zwei Schritte weiter. Meistens kommt der Hund nun automatisch hinterher.

(6) Clicken Sie, wenn er auf gleicher Höhe ist und geben Sie ihm sein Leckerchen auf dem Boden.
(7) Falls er nicht kommt, machen Sie nochmals ein Geräusch. Nur wenn alle Hilfen versagen, darf mit dem Leckerchen gelockt werden.
(8) Wechseln Sie nun die Richtung und entfernen sich drei Schritte vom Hund.
(9) Kommt er hinterher, clicken Sie genau den Moment, in dem der Hund neben Ihnen ist und er bekommt seine Belohnung.

So gelingt die Übung

› **Auffinden des Leckerchens** Entdeckt der Hund das Leckerchen auf dem Boden nicht gleich, kann man es ihm zeigen. Man lässt ihn nicht zu lange danach suchen, denn diese Anstrengung finden manche Hunde lästig.
› **Untergrund** Springen die Leckerchen zu weit weg, dann wechselt man den Untergrund oder die Leckerchen.

So gehen Sie vor (mit Leine)

(1) Gehen Sie an einen ruhigen Ort, und befestigen Sie Ihren Hund an einer Zwei-Punkt-Führung.
(2) Zieht Ihr Hund, nehmen Sie ihn mit einem leichten Gegenzug an einem Leinenende an, lassen aber sofort wieder locker.
(3) Zieht er immer noch, nehmen Sie den Hund am anderen Leinenende durch kurzen Zug an.
(4) Sind beide Leinen locker und Ihr Hund steht ruhig neben Ihnen, clicken Sie.
(5) Werfen Sie das Leckerli hinter sich.

| Tonja hält für Easy die Leckerchen noch sichtbar in der Hand. Zu dieser Hilfe sollte man nur im Notfall greifen und sie schnell wieder abbauen.

(6) Hat er das Leckerli gefressen, wird er wieder an lockerer Leine neben Ihnen erscheinen. Dann clicken Sie erneut.
(7) Die Übung wird noch einige Male wiederholt und dann beendet.

So gelingt die Übung

› **Welpen** Welpen, die noch nie mit der Leine in Berührung kamen, können schon für einen Schritt an lockerer Leine geclickt werden. Sie lernen die Welt gerade erst kennen, sind leicht ablenkbar und können sich noch nicht sehr lange konzentrieren.
› **Gegen-die-Hand-stupsen** Sie können auch das „Gegen-die-Hand-stupsen" belohnen. Dies kann für den Anfang dieser Übung hilfreich sein.
› **Hilfen** Alle Hilfen, die das Herankommen erleichtern, funktionieren auch bei dieser Übung.
› **Straffe Leine** Es ist ganz wichtig, dass Sie sich von Ihrem Hund nirgends hinziehen lassen. Bleiben Sie stehen, strafft sich die Leine, nehmen Sie sie an, um sie anschließend gleich wieder locker lassen zu können.

Verhalten einfangen

Zeit ausdehnen

Leinen Sie Ihren Hund an und gehen Sie wieder an einen ablenkungsfreien Ort. Als Hilfe können Sie einige Blumentöpfe aufstellen oder Becher hinlegen, um die Sie im Slalom laufen können. Sie helfen Ihnen bei der Orientierung. Gehen Sie jeden Tag drei Achten langsam und bewusst mit Ihrem Hund. Clicken Sie, wenn Ihr Hund ruhig neben Ihnen mitläuft und legen Sie dann sein Leckerchen auf den Boden. Funktioniert diese Übung, clicken Sie erst, wenn der erste Becher vorbei ist usw. Probieren Sie auch unterschiedliche Geschwindigkeiten aus. Laufen Sie einmal ganz schnell. Fängt Ihr Hund an zu ziehen, laufen Sie wieder langsamer. Steigern Sie langsam die Geschwindigkeit und clicken jeweils, wenn Ihr Hund es noch schafft, an lockerer Leine neben Ihnen zu bleiben. Das Leckerchen werfen Sie wieder hinter sich. Rennen an lockerer Leine fällt den meisten Hunden sehr schwer. Auch das ganz langsame Gehen fällt manchen Hunden schwer. Steigern oder verlangsamen Sie das Tempo deshalb nur schrittweise.

Vokabeln lernen

Sie können dieses Verhalten durch das Hörzeichen „Langsam" unterstützen. Sagen Sie zu Ihrem Hund „Langsam", sobald er langsam und ruhig neben Ihnen läuft. Es ist wichtig darauf zu achten, dass man das Signal erst einbaut, wenn der Hund die Verhaltensweise bereits zeigt. Sie können auch noch ein zweites Hörzeichen einbauen, nämlich „Frei". Sagen Sie zu Ihrem angeleinten Hund „Frei", dann darf er schnüffeln, markieren oder andere wichtige Dinge erledigen. Doch auch dabei soll er Sie nicht vergessen und nicht an der Leine ziehen. Bei „Frei" lässt man die Leine ganz lang und führt den Hund zur begehrten Stelle seiner Wahl.

| Bunte Becher oder Hütchen geben einen eindeutigen Weg vor und sind daher eine große Hilfe bei der Übung.

| Läuft Ihr Hund an lockerer Leine, click und er darf schnüffeln gehen.

Manche Rüden finden Häuserecken sehr spannend, andere gehen gerne ein Stück auf dem angrenzenden Rasen spazieren. Fängt Ihr Hund an zu ziehen, nehmen Sie kurz die Leine an und lassen sie direkt wieder locker. Dabei ruckt man nicht an der Leine, sondern holt den Hund durch ein kurzes Annehmen in seine Balance zurück. Möchten Sie weitergehen, rufen Sie Ihren Hund heran und sagen „Langsam", damit er weiß, dass es nun wieder darum geht, gemeinsam zu gehen.

Umgebung verändern

Es sind der Fantasie keine Grenzen gesetzt, doch immer nach dem Grundsatz – erst einfach, dann schwieriger.
Sie können die Becher in jede Umgebung mitnehmen, um Ihrem Hund eine geistige Brücke zu bauen. Falls Sie bisher nur im Zimmer geübt haben, suchen Sie erst einmal einen ruhigen Ort außerhalb des Gebäudes auf.

Die eigene Körpersprache

Je wohler Sie sich selbst mit der Führung fühlen, umso schneller kann Ihr Hund lernen, in seiner Balance zu bleiben. Denn wenn Sie selbst aufgeregt und hektisch sind, wirkt sich dies auch auf Ihren Hund aus.

Entfernung vergrößern

Läuft Ihr Hund schön an Ihrer Seite um die Hindernisse herum, können Sie diese auch weglassen. Suchen Sie sich z.B. zwei weit auseinanderstehende Bäume, an denen Sie sich noch etwas orientieren können. Sie können auch auf dem Gehweg von einem Auto zum anderen laufen. Zählen Sie die Schritte mit, um einen objektiven Eindruck von der Steigerung der Entfernung zu bekommen.

Ablenkungen einbauen

Andere Personen

Freut sich Ihr Hund besonders über entgegenkommende Menschen, können Sie eine andere Person als Begleitung mitnehmen. Geklickt wird jeweils, wenn Ihr Hund sich an lockerer Leine an der Seite befindet. Das Leckerchen erhält er stets auf dem Boden hinter Ihnen. Funktioniert dieser Schritt, kann die zweite Person die Leine halten, um zu sehen, ob er auch dann noch ruhig mitläuft. Sie können dabei selber clicken und das Leckerchen werfen, wenn Ihr Hund bei Ihrer Begleitperson an lockerer Leine folgt.

Umgebung verändern |

Schwieriger ist es, wenn eine andere Person auf einen zukommt. In dieser Situation fallen viele Hunde in ihr angenommenes Verhaltensschema zurück und ziehen erneut. Dabei kann einem eine Führhilfe hilfreich sein. Inzwischen hat Ihr Hund gelernt, was „Langsam" bedeutet. Geht er daraufhin an lockerer Leine, können Sie ihn clicken und ableinen. Hierbei ist das Ableinen die Belohnung, denn er kann sein Ziel erreichen.

Andere Hunde und Tiere

Viele Hunde ziehen, um zu anderen Tieren und vor allen Dingen zu anderen Hunden zu kommen.
Sieht Ihr Hund einen Kumpel und stemmt sich in die Leine, um dorthin zu kommen, haben Sie zwei Möglichkeiten:
1) Sie möchten Ihren Hund zu dem anderen hinlassen.
2) Sie laufen einen Bogen.
Meistens ist es am Anfang einfacher, wenn Sie in einem Bogen an dem anderen Hund vorbeilaufen. Bleibt Ihr Hund ruhig stehen, ohne zu dem anderen Hund zu ziehen, können Sie clicken und belohnen. Häufig ist dazu ein großer Abstand nötig. Dieser wird dann schrittweise verkleinert.

So gelingt die Übung

›**Befreundeter Hund** Üben Sie zuerst einmal mit einem bekannten und ruhigen Hund, der den eigenen nicht noch mehr unter Spannung setzt.
›**Kopfhalfter** Reagiert Ihr Hund stark auf andere Hunde, dann ist eine Kopfhalf-

Tipp

An der Leine sollten sich Hunde nur begrüßen. Spielen ist nicht erlaubt. Die Hunde sind in ihren Handlungen begrenzt und können sich angeleint nicht so verhalten, wie sie es ohne Leine tun würden. Zudem kann sich die Leine verheddern, was wiederum zu Stress und Missverständnissen führen kann. Zum Spielen ist es immer ratsam, die Leine abzumachen. Das bedeutet, dass man in der Nähe von Straßen seine Hunde nie miteinander spielen lassen sollte.

terführung zu empfehlen. Ihr Hund wird durch alternierende (abwechselnd gegebene) Signale am Kopfhalfter und Geschirr in seine Balance gebracht.
›**Kopfhaltung** Das Leckerchen auf den Boden hinter sich zu werfen, ist auch von Vorteil, da der Hund den Kopf tief hält. Wenn der Kopf tief ist, wirkt der Hund nicht bedrohlich auf den anderen. Zudem ist das Schnüffeln auch ein Beschwichtigungsverhalten, was wiederum zur Entspannung der Situation beiträgt.
›**Begrüßung** Bei der Begegnung der Hunde achtet man darauf, dass die Hunde sich im hinteren Körperdrittel beriechen können.
›**Ablenkungen** Lassen Sie Ihren Hund Hindernisse umqueren oder über Stangen laufen, ist er meist so abgelenkt, dass er gar nicht mehr so stark auf den anderen Hund reagiert. Diese Hilfen müssen jedoch wieder abgebaut werden.

| Nach dem Click wird das Leckerchen auf den Boden geworfen. Findet der Hund es nicht gleich, kann man ihm beim Suchen helfen.

Signal aufheben

Vor dem Ableinen empfiehlt es sich, den Hund in einer bestimmten Position („Steh", „Sitz" oder „Platz") verharren zu lassen, damit das Losmachen zu keinem „Gerangel" ausartet. Besonders das Ableinen ist häufig eine sehr starke Belohnung und wird auch dementsprechend eingesetzt.

So gelingt die Übung

Möchte Ihr Hund gerne von der Leine, um mit einem anderen zu spielen, dann muss er sich erst einmal ruhig verhalten (siehe Anleinen/Ableinen, S. 51). Es sei denn, der andere Hund ist bereits frei und kommt angerannt. In diesem Fall wäre es unfair, eine Übung zu verlangen. Hier tritt die Interaktion mit dem anderen Hund in den Vordergrund. Das bedeutet, dass man seinen Hund ruhig, doch schnellst möglich auch ableint, oder den anderen Hundehalter bittet, seinen Hund zu sich zu rufen! Respektvoll ist es, wenn die Hundehalter ein wenig aufeinander achten und die Hunde erst zueinander lassen, wenn beide abgeleint sind.

Variabel belohnen

Ab und zu können Sie clicken, um Ihrem Hund zu zeigen, dass es nicht nur angenehm, sondern auch noch lohnend sein kann, an lockerer Leine mitzulaufen. Doch grundsätzlich können Sie das Clicken jetzt abbauen, da Ihr Hund gelernt hat, dass er anders an sein Ziel gelangt. Die Kooperation, das Miteinander steht dabei im Vordergrund, denn es ist eine große Leistung für den Hund, sich auf unser „Schnecken"-Tempo einzustellen.

| Pfoten- und Körperbänder dienen der Wahrnehmung. Denn nur wenn man weiß was man tut, kann man tun, was man möchte!

Unten bleiben

Vier Pfoten am Boden

Die Hunde versuchen durch das Anspringen bei der Begrüßung in die Gesichtsregion zu kommen. Gerade junge Hunde zeigen dieses Verhalten sehr stark. Es ist ihre Art, sich zu freuen und ihre Freude beim Begrüßen zu zeigen. Fünf Hilfen, außer dem Clicken, können das „Unten bleiben" extrem beschleunigen. Drei davon sind spezielle Hilfsmittel aus der Tellington-TTEAM®-Arbeit. Bei der Clickerarbeit bestätigt man den Hund sozusagen passiv in seinen „Ideen". Mit der TTEAM®-Arbeit hat man die Möglichkeit, ihm aktiv Alternativen anzubieten. Daher kombiniere ich beide Methoden.

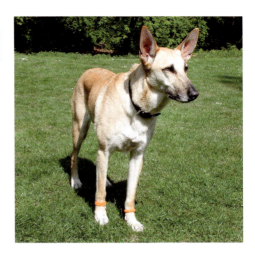

›**Diamant** Als erstes kann es dem Hund helfen, wenn er im hinteren Körperdrittel einen Impuls nach oben bekommt. Man nennt es Fühlzeichen. Es gibt hierzu den „Leine-Doppelter-Diamant" oder den „Seil-Doppelte-Diamant". Beides sind Fürrtechniken, die einem die Möglichkeit geben, das hintere Körperdrittel zu beeinflussen. Mit einem leichten Annehmen hinten, gelingt es dem Hund viel leichter, vorne unten zu bleiben. Dabei wird er keinesfalls hinten angehoben, er erhält lediglich eine kurze „Berührung" unter dem Bauch, um ihn daran zu erinnern, in seiner Balance zu bleiben.

›**Körperbänder** Das zweite Hilfsmittel sind die Körperbänder im allgemeinen und Pfotenbänder im speziellen. Legt man dem Hund ein Körperband an, so kann er besser wahrnehmen, was er gerade macht. Man kann z.B. Soft Haarringe oder Kinderschweißbänder als Pfotenbänder verwenden. Diese werden dem Hund über die Vorderfußwurzelgelenke (erstes großes Gelenk von unten) gestreift.

›**TTouches** Die dritte Hilfe sind die TTouches®, die ebenfalls aus der Arbeit von Linda Tellington-Jones stammen.

| Christel legt Tayga den Leinen-Doppelten-Diamanten an, um ihm ein Fühlzeichen im hinteren Körperdrittel zu geben.

›**Alternativverhalten** Dies ist das vierte Hilfsmittel. Als Alternativverhalten kann man den Hund z.B. sitzen lassen. Eine Alternative kann auch darin bestehen, dass er beim Halter bleibt und damit „kritische" Situationen umgangen werden können.

›**Hilfsperson** Die fünfte Hilfe ist die Mithilfe anderer Personen, die den Hund nur dann streicheln dürfen, wenn er alle vier Pfoten sicher auf dem Boden behält.

Zielvorstellung

Der Hund soll auf seinen vier Pfoten bleiben, egal ob Besuch kommt oder er von Personen angesprochen wird. Man möchte nicht, dass er runter geht, sondern dass er von sich aus unten bleibt.

Verhalten formen

Haben Sie es nun geschafft, dass Ihr Hund unten bleibt, ohne dass Sie ein Fühlzeichen geben, warten Sie immer länger mit dem Clicken.
Hat Ihr Hund gelernt, in seiner Balance zu bleiben, wird er weniger anspringen. Sie sehen es häufig auch an der Körperhaltung des Hundes. Er entspannt sich zusehends, auch beim Begrüßen. Ändert sich die Haltung (Körperhaltung), ändert sich häufig das Verhalten.
Beginnen Sie die Übung, wie bei „Lockerer Leine" beschrieben (siehe S. 64). Konfrontieren Sie Ihren Hund zu Anfang noch nicht mit anderen Personen. Üben Sie das gesamte Führtraining, mit der gewählten Zweipunktführung (Doppelter Diamant), in der Wohnung. Erst wenn Sie selber sicher in der Handhabung und Ihr Hund sicher im Tragen der einzelnen Hilfen geworden ist, gehen Sie zur nächsten Stufe über.
Fällt es Ihrem Hund schwer, sich zu konzentrieren und Selbstkontrolle zu entwickeln, hilft der TTouch®. Die TTouches® müssen übrigens nicht in der jeweiligen Situation angewendet werden, sondern beeinflussen den Hund selbst wenn man sie nur abends vorm Schlafengehen anwendet.
Manchen Hunden hilft es, auf Hörzeichen durch die Beine der Person zu laufen. Doch Vorsicht bei kleinen Kindern oder älteren Menschen, die auf diese Weise eventuell fallen könnten. Als weitere Alternative kann man den Hund ein Spielzeug bringen lassen. Das ruhige Verharren in einer vorgegebenen Position, wie z. B. „Sitz", ist für viele Hunde sehr schwierig, da sie zu aufgeregt sind, um stillhalten zu können.

Verhalten einfangen |

Muschel-TTouch

Man legt die flache Hand auf den Hund. Die Körperstelle ist egal. Dann verschiebt man die Haut ganz sanft im 1 1/4 Kreis. Danach lässt man die Hand kurz an dieser Stelle verweilen und zieht weiter zur nächsten Körperstelle. Der Kreis beginnt jeweils bodennah. Wenn man sich das Ziffernblatt einer Uhr vorstellt, endet man bei Acht. Bei sensiblen Hunden oder Hunden, die sich ungern bürsten lassen, wirkt dieser TTouch beruhigend.

Zeit ausdehnen

Haben Sie es nun geschafft, dass Ihr Hund unten bleibt, ohne dass Sie ein Fühlzeichen geben, warten Sie immer länger mit dem Clicken.

So gelingt die Übung

›**Belohnung** Manche Hundehalter erlauben nach dem „Unten bleiben" das Hochspringen und nehmen es als Belohnung. Doch ist der Ansatz, den ich beschreibe, ein anderer. Man versucht dem Hund zu verdeutlichen, dass es angenehm für ihn ist, in seiner Balance zu bleiben, und er es daher vorzieht, auf seinen vier Pfoten stehen zu bleiben.
›**Belohnungsphase** Die Belohnungsphase ist zwar nicht so wichtig wie der Zeitpunkt des Clickens, doch ist sie nicht

unbedeutend. Man hilft dem Hund, wenn man das richtige Verhalten clickt und die Position belohnt. Man belohnt den Hund, während er unten bleibt. Springt er nach dem Click an, zeigt man ihm mit dem Leckerchen, dass er wieder runterkommen soll und gibt es ihm unten.

Vokabeln lernen

Möchten Sie das Verhalten mit einem Wortsignal unterstützen, können Sie durchaus „Unten bleiben" sagen. Doch achten Sie darauf, dieses Hörzeichen erst einzufügen, wenn Ihr Hund das Verhalten mindestens zu achtzig Prozent, also bei acht von zehn Übungen, zeigt.

So gelingt die Übung

Sehr viele Hundehalter sagen ihren Hunden „Nicht anspringen". Überlegt man sich, wann man dieses Hörzeichen verwendet, fällt einem auf, dass man es immer sagt, wenn der Hund gerade anspringt. Außerdem hat man bei den Worten „Nicht anspringen" einen hochspringenden Hund als Bild im Kopf, stimmts? Somit erhält er ein Signal für das Anspringen, also das Gegenteil unseres Endziels! Besser, man formuliert es positiv.

Umgebung verändern

Für die einen Hunde ist es einfacher, direkt auf der Straße zu arbeiten, für andere ist es einfacher im eigenen Heim. Beobachten Sie Ihren Hund gut und beginnen Sie mit der einfachsten Situation.

| Kümmert man sich zuerst um die Hunde und gibt ihnen eine Aufgabe, kann man sich danach in aller Ruhe unterhalten.

Natürlich wird es immer wieder Momente geben, die man nicht arrangieren kann. Konzentriert man sich darauf, dieses Signal häufig zu üben, wird der Hund bald in jeder Situation wie gewünscht reagieren.

Entfernung vergrößern

Das Clicken kann einem gute Dienste leisten, wenn man den Hund auf Distanz für sein „Unten bleiben" bestätigen möchte. Hat er gelernt, am Geschirr unten zu bleiben, lässt man den Doppelten Diamanten weg. Diesen Versuch macht man mit einem Bekannten, der darauf vorbereitet werden kann.

So gehen Sie vor

(1) Ihr Hund trägt die gleiche „Ausrüstung" wie sonst auch, zum Beispiel seine Pfotenbänder.
(2) Gehen Sie mit Ihrem frei laufenden Hund, auf die zu begrüßende Person zu.
(3) Bleibt Ihr Hund beim Begrüßen auf dem Boden, clicken Sie.
(4) Dann holen Sie ein Leckerchen heraus und werfen es auf den Boden.
(5) Sie können Schritt drei und vier noch einige Male rasch hintereinander wiederholen.
(6) Dann rufen Sie den Hund zum Weitergehen, damit er keine Möglichkeit zu erneutem Anspringen bekommt.

| Thispe wird mit dem Leinen-Doppelter-Diamant geführt, und Johanna hilft ihr beim Unten bleiben, indem sie sie in der Hocke begrüßt.

So gelingt die Übung

›**Warten lassen** Wenn Sie länger stehen bleiben, könnte das Warten den Hund dazu beeinflussen, doch „rückfällig" zu werden. Das wäre ein Rückschritt, zu dem es nicht kommen muss. Möchten Sie sich länger mit der anderen Person unterhalten, können Sie Ihrem Hund ein Alternativverhalten anbieten. Sie können ihn z.B. seinen Ball halten oder ein Leckerchen suchen lassen, so dass es ihm nicht zu langweilig wird. Wenn er das Verharren bereits gut beherrscht, können Sie ihn ablegen oder sitzen lassen.

›**Runter gehen** Grundsätzlich weiß man, dass es besser ist, wenn er unten bleibt, als wenn er erst anspringt und dann fürs „Runter gehen" geclickt wird. Beim „Runter gehen" müssen Sie aufpassen, dass der Hund es nicht falsch versteht und meint, er solle anspringen, um dann fürs „Runter gehen" geclickt zu werden. Sie können sicher gehen, dass Sie das Letztere nicht bestärken, indem Sie stets nach dem „Runter gehen" wenigstens fünf Sekunden verstreichen lassen, bevor Sie clicken. Wenn Ihr Hund nach dem Heranrufen stets anspringt, sollten Sie ihn bitten herunterzugehen. Allerdings drehen sich dann viele Hunde um und wollen direkt wieder gehen, da sie sich nicht erwünscht fühlen. Das können Sie ändern, indem Sie sich interessant machen. Machen Sie ein Geräusch oder gehen Sie in die Hocke, damit Ihr Hund bei Ihnen bleibt. Nun warten Sie wenigstens fünf Sekunden ab, bis Sie ihn für sein dauerhaftes Untenbleiben clicken. Das Leckerchen werfen Sie auf den Boden.

Ablenkungen einbauen

Sie können andere Hundehalter ansprechen oder Passanten nach der Uhrzeit fragen. Merken Sie, dass Ihr Hund anspringen will, geben Sie Ihrem Hund einen kleinen Impuls nach oben im hinteren Körperdrittel. Lassen Sie die Leine sofort wieder locker und geben wieder einen Impuls, sobald Sie merken, dass der Hund erneut anspringen möchte. Das Annehmen und Loslassen ist besonders wichtig, um den Hund in seine Balance zu bringen. Sobald die Leine entspannt ist und der Hund auf dem Boden steht, können Sie ihn mit dem Clicker bestärken. Man beginnt möglichst mit einfacheren Situationen, eventuell dem Hund bekannte, doch eher „uninteressante" Personen (falls es solche für den Hund gibt) zu präsentieren, um später zu seinen Lieblingspersonen (vielleicht Kindern) zu gehen.

Signal aufheben

Manchmal kann es für den Hund hilfreich sein, wenn man eine Begrüßung nicht zu sehr in die Länge zieht. Wenn Sie sehen, dass Ihr Hund sich wirklich Mühe gibt, auf dem Boden zu bleiben, können Sie ihm helfen, indem Sie weiterlaufen oder die andere Person in die Hocke geht, so dass der Hund sie unten begrüßen kann.

Variabel belohnen

Mit der Zeit werden Sie erkennen, dass Ihr Hund es von sich aus vorziehen wird, auf dem Boden zu bleiben. Dann können Sie die Hilfen und den Clicker schrittweise abbauen. Vielleicht beginnen Sie damit, den Doppelten Diamanten wegzulassen. Danach bauen Sie den Clicker ab und entfernen ganz zum Schluss die Körperbänder. Doch die Verbindung zwischen dem Click und der Belohnung behalten Sie immer bei. Zu den Übungen „Unten bleiben", „Lockerer Leine" und „Vorsichtig" gehört ein bestimmtes Maß an Selbstbeherrschung. Fällt dem Hund die Selbstbeherrschung besonders schwer, kann er sich nicht gut konzentrieren oder fällt durch Hyperaktivität auf, dann spricht diese Symptomatik häufig für eine Erkrankung der Schilddrüse. Bei jungen Hunden sind bereits Werte im unteren Normdrittel auffällig. Ohne die Ursache zu finden, wird man das Verhalten ansonsten nicht beeinflussen können.

Variabel belohnen |

| Geduldiges Warten will gelernt sein. Doch dann öffnet sich die Hand mit der Belohnung.

Vorsichtig

Zielvorstellung

Ihr Hund soll nach dem Signal „Bleib" trotz des sichtbaren Leckerchens in Ihrer Hand abwarten, bis er nach dem Signal „Vorsichtig" sein Leckerchen nehmen darf.
Diese Übung ist hilfreich
› gegen Betteln und Zwicken
› für Selbstkontrolle und Konzentration
› und um das „Verharren" zu üben.

Gedanken zum Schluss

Bin ich nicht gerade beim „Vokabeln lehren", rede ich sehr viel mit unseren Tieren. Durch eine Studie mit Menschen wurde die Theorie aufgestellt, dass 55 % der Kommunikation über Körpersprache, Mimik und Gestik ablaufen, 38 % über den Klang der Stimme und die Art des Sprechens und der Inhalt der Worte gerade einmal 7 % ausmacht. Ist es einem mit dem Gesagten aber ernst, spiegelt sich der Inhalt auch in der Körpersprache, Mimik und Gestik wieder. Vokabeln dienen also der Kommunikation, genauso wie das stille Innehalten und Beobachten oder die Gespräche, die man mit seinem Hund führt!

So gehen sie vor

(1) Legen Sie das Leckerchen auf Ihre flache Hand.
(2) Möchte er es nehmen, machen Sie die Hand zu.
(3) Berührt Ihr Hund die Hand nicht mehr, nicht mit der Nase, nicht mit den Zähnen und nicht mit den Pfoten, öffnen Sie die Hand und clicken.
(4) Lassen Sie ihn das Leckerchen nehmen.
(5) Dieses Spiel machen Sie so lange, bis Ihr Hund bei geöffneter Hand ruhig auf das Clicken wartet, um das Leckerchen zu nehmen.

Zum Weiterlesen

Laurence, Kay:
Clicker Basistraining –
Level 1 und 2 (deutsch!)
erhältlich bei Tanja Gube:
info@arctic-snowcrystal.de
www.learningaboutdogs.com

Pietralla Martin:
Clickertraining für Hunde.
Kosmos, 2003

Pietralla, Martin und Bar-
bara Schöning: Clicker-
training für Welpen.
Kosmos, 2002

Pietralla, Martin:
Clickertraining Hunde -
für unterwegs
Kosmos, 2010

Tellington-Jones, Linda:
Der neue Weg im Umgang
mit Tieren. Kosmos, 2005

Tellington-Jones, Linda:
Tellington-Training für
Hunde. Kosmos, 1999

Tellington-Jones, Linda:
TTouch für Hunde – für
unterwegs. Kosmos, 2010

Zurr, Daniela: TTeam und
TTouch in der tierärzt-
lichen Praxis. Sonntag
Verlag, 2005

Winkler, Sabine:
Hundeerziehung.
Kosmos, 2009

Winkler, Sabine:
So lernt mein Hund.
Kosmos, 2005

Winkler, Sabine:
Kosmos Handbuch Hund.
Kosmos, 2008

Clickerzeitschrift:
www.learningaboutdogs.com

Infos zu Hundebüchern:
www.hundebuch-news-
letter.de

Nützliche Adressen

Verband für das Deutsche
Hundewesen e.V. (VDH)
Westfalendamm 174
D-44141 Dortmund
Tel.: 0231 56 50 00
www.vdh.de

Österreichischer Kynolo-
genverband (ÖKV)
Siegfried Marcus-Str. 7
A-2362 Biedermannsdorf
Tel.: 0043 2236 710 667
www.oekv.at

Schweizerische Kynologi-
sche Gesellschaft (SKG)
Brunnmattstr. 24
CH-3007 Bern
Tel.: 0041 313 06 62 62
www.skg.org

Gesellschaft zur Resoziali-
sierung und Erziehung von
Hunden (GREH)
General Pape Straße 48

D-12101 Berlin
Tel. 030 789 51 464
www.greh.de

Sabine Winkler und
Beate Poetting
Bielefelder Str. 126
D-33824 Werther
Tel. 05203 883770
www.aha-hundeaus-
bildung.de

Christiane Müller
Tel.: 0 85 84 910 33
www.clickerreiter.de
www.villakunterbunt.net

Hunde und Rübbelke GbR
D-33129 Delbrück
Tel.: 0 29 44 9 74 93 23
www.hundeundruebbelke.de

Kontaktadressen TTEAM®
Bibi Degn
Buschöhrchen 19
D-53819 Neunkirchen-
Seelscheid
Tel.: 02247 969 39 10
Gilde@TTeam.de
www.tteam.de

Österreich
Martin Lasser
Tel.: 0664 12 50 25 2
office@tteam.at
www.tteam.at

Schweiz
Christine Wittner
Tel.: 0041 71 64 00 175
Gilde@tteam.ch
www.tteam.ch

Register

Ablenkungen, Anschauen 35
Ablenkungen, Heranrufen 45
Ablenkungen
 – Lockere Leine 68
 – Steh, Sitz, Platz 60
 – Unten bleiben 75
Abrufen 46
Alternativverhalten 71

Bellen 44
Belohnen, Anschauen 36
Belohnen, Heranrufen 48
Belohnen, Lockere Leine 69
Belohnen, Steh, Sitz, Platz 62
Belohnen, Unten bleiben 75
Belohnung 13, 15
Belohnungsideen14
Belohnungsphase 24, 25, 56
Bestechung 40, 56
Bewegte Objekte 46
Blickkontakt 23
Brustgeschirr 49

Clicker 12
Clickermethoden 18
Clicker-Regel-1 18
Clicker-Regel-2 18
Clicker-Regel-3 19
Clicker-Regel-4 23
Clicker-Regel-5 25
Clicker-Regel-6 27
Clicker-Regel-7 28
Clicker-Regel-8 29
Clicker-Regel-9 37
Clicker-Regel-10 37
Clicker-Regel 11 37

Die stehende Berg Pose 32
Drei-Leckerchen-Methode 49

Einfache Methode 18
Einsatz des Clickers 7, 9
Entfernung
 – Anschauen 34
 – Lockere Leine 67
 – Steh, Sitz, Platz 60
 – Unten bleiben 73

Festhalten 48, 50
Formen 18

Handzeichen 54, 56
Hilflosigkeit, erlernte 30
Hilfsmittel, Leine 63
Hilfsperson 41, 71
Hochspringen 55

Keep-Going-Signal 57
Kopfhalfter 68
Körperbänder 70
Körpersprache 44, 52, 63

Leckerchenhaltung 54
Leinenziehen 63
Lernschritte 16, 19

Platz aus dem Sitzen 59
Platz aus dem Stehen 59
Positive Bestärkung 8

Schleppleine 44
Signal „Anleinen" 51
Signal „Bleib" 48
Signal „Ende" 23
Signal „Frei" 66
Signal „Guck" 22
Signal „Hierher" 42
Signal „Hinter" 41
Signal „Langsam" 66
Signal „Lauf" 36
Signal „Losmachen" 51
Signal "Platz" 57
Signal „Sitz" 57
Signal „Steh" 57
Signal „Unten bleiben" 72
Signal „Vorsicht" 76
Signal aufheben
 – Anschauen 36
 – Heranrufen 48
 – Lockere Leine 69
 – Steh, Sitz, Platz 62
 – Unten bleiben 75
Signalkontrolle 28
Sitz aus dem Liegen 59
Sitz aus dem Stehen 59
Spielen, kontrolliertes 46

Steh aus dem Laufen 58
Steh aus dem Liegen 58
Steh aus dem Sitzen 58

Tellington-Touches 17
Timing 12
Tonfall 43

Übungsatmosphäre 15
Übungsbeginn 17
Übungsdauer 27
Übungsende 23, 36
Übungsvorbereitung 15
Umgebung, Anleinen 52
Umgebung, Anschauen 29
Umgebung, Heranrufen 43
Umgebung, Lockere Leine 67
Umgebung, Steh, Sitz, Platz 57
Umgebung, Unten bleiben 72

Verhalten formen
 – Ableinen 51
 – Anleinen 49
 – Anschauen 22
 – Heranrufen 38
 – Lockere Leine 64
 – Steh, Sitz, Platz 53
 – Unten bleiben 71
Verleitung 61
Verneinung 8
Verstecken 44
Vorsichtig 76

Zeit, Anschauen 27
Zeit, Heranrufen 40
Zeit, Lockere Leine 66
Zeit, Steh, Sitz, Platz 56
Zeit, Unten bleiben 72
Zeitmessung 27
Zielvorstellung
 – Anleinen 49
 – Anschauen 22
 – Heranrufen 38
 – Lockere Leine 64
 – Steh, Sitz, Platz 53
 – Unten bleiben 71
Zwei-Leinen-Methode 50

KOSMOS.
Wissen aus erster Hand.

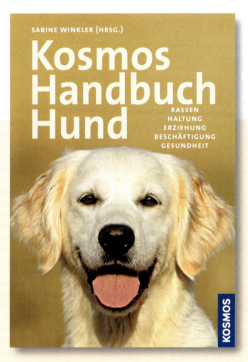

Sabine Winkler (Hrsg.) | Kosmos Handbuch Hund
312 S., 391 Farbfotos, €/D 19,95
ISBN 978-3-440-10960-1

Hundeglück – ein Leben lang

Dieses Praxishandbuch verrät alles, was jeder Hundehalter wissen möchte: Welche Rassen es gibt, wie man den Vierbeiner artgerecht hält und pflegt, ihn gesund ernährt und vor Krankheiten schützt, sinnvoll beschäftigt und sanft erzieht. Darüber hinaus: Hundeverhalten, die natürlichen Bedürfnisse des Hundes und wie man mögliche Probleme lösen kann. Viele praxisorientierte Tipps, Checklisten, Tabellen und Tests sowie aktuelle Forschungsergebnisse geben genug Informationen über die besten Freunde des Menschen.

www.kosmos.de/hunde

Impressum

Bildnachweis

90 Farbfotos wurden von Katja Krauß für dieses Buch aufgenommen. Weitere Farbfotos von Matthias Huber (3: S. 9, 24), Wolfgang Kosin (6: S. 4, 18, 52, 76), Georg Westermann (1: S. 13).

Farbzeichnung von Andrea Bork (1: S. 26).

Impressum

Umschlag von eStudio Calamar unter Verwendung von drei Farbfotos von Vivien Venzke/Kosmos (Vorderseite) und Christof Salata/Kosmos (Rückseite).

Mit 100 Farbfotos und einer Farbzeichnung.

Unser gesamtes lieferbares Programm und viele weitere Informationen zu unseren Büchern, Spielen, Experimentierkästen, DVDs, Autoren und Aktivitäten finden Sie unter **www.kosmos.de**

Gedruckt auf chlorfrei gebleichtem Papier

© 2010, Franckh-Kosmos Verlags-GmbH & Co. KG., Stuttgart
Alle Rechte vorbehalten
ISBN 978-3-440-12206- 8
Redaktion: Hilke Heinemann
Produktion: Kirsten Raue / Markus Schärtlein
Printed in Germany / Imprimé en Allemagne

Alle Angaben in diesem Buch erfolgen nach bestem Wissen und Gewissen. Sorgfalt bei der Umsetzung ist indes dennoch geboten. Autorin und Verlag übernehmen keinerlei Haftung für Personen-, Sach- und Vermögensschäden, die aus der Anwendung der vorgestellten Materialien und Methoden entstehen können.